Hebräisch  Y0-CAN-473

von

D. Rudolf Meyer

o. Professor an der Universität Jena

III

Satzlehre

Dritte, neubearbeitete Auflage

Sammlung Göschen Band 5765

Walter de Gruyter · Berlin · New York · 1972

vormals G. J. Göschen'sche Verlagshandlung · J. Guttentag,
Verlagsbuchhandlung · Georg Reimer · Karl J. Trübner · Veit & Comp.

Die *Hebräische Grammatik* wurde in erster Auflage von Georg Beer verfaßt und erschien 1915, die zweite, von Rudolf Meyer völlig neu bearbeitete Auflage 1952—55.

Die Gesamtdarstellung umfaßt in dritter Auflage folgende Bände:

Band I: Einleitung, Schrift- und Lautlehre (Slg. Göschen, Bd. 763/763 b).

Band II: Formenlehre, Flexionstabellen (Slg. Göschen, Bd. 764/764 b).

Band III: Satzlehre (Slg. Göschen, Bd. 5765).

Band IV: Register (Slg. Göschen, Bd. 4765).

Hebräisches Textbuch (Slg. Göschen, Bd. 769/769 a).

©

ISBN 3 11 003488 3

Inhaltsverzeichnis

Vierter Teil: Satzlehre

A. Der Satz und seine Teile

1. Der Satzbau

2. Syntax des Nomens

3. Syntax des Verbums

B. Besondere Arten von Hauptsätzen

C. Der abhängige Satz

Für wertvolle Hilfe bei der Anfertigung des Manuskripts und für das Mitlesen der Korrekturen bin ich meinen Mitarbeiterinnen Dr. Jutta Körner und Dr. Waltraut Bernhardt zu besonderem Dank verpflichtet.

Abkürzungsverzeichnis

(Nachtrag)

Zum Text des Alten Testaments

BHS = Biblia Hebraica Stuttgartensia. Ed. K. Elliger et W. Rudolph (Stuttgart 1970ff.).
V = Biblia Sacra iuxta Vulgatam Versionem (Stuttgart 1969).

Grammatische Bezeichnungen

akt. = aktiv   Koh. = Kohortativ

Literatur

AHW = W. v. Soden, Akkadisches Handwörterbuch (Wiesbaden 1959ff.).
AETh = Abhandlungen zur Evangelischen Theologie.
Baumgärtel-Festschr. = Festschrift Fr. Baumgärtel. Erlanger Forschungen A 10 (Erlangen 1959).
Elliger-Festschr. = Wort und Schrift. Festschrift für K. Elliger. Hrsg. v. H. Gese und H. P. Rüger (Neukirchen-Vluyn, im Druck).
A. Kropat, Syntax = A. Kropat, Die Syntax des Autors der Chronik. BZAW 16 (Gießen 1909).
D. Michel, Tempora und Satzstellung = D. Michel, Tempora und Satzstellung in den Psalmen. AETh 1 (Bonn 1960).
OLZ = Orientalistische Literaturzeitung.
OTS = Oudtestamentische Studiën.
H. Reckendorf, Arab. Syntax = H. Reckendorf, Arabische Syntax (Heidelberg 1921).
M. H. Segal, Mishnaic Hebrew = M. H. Segal, A Grammar of Mishnaic Hebrew (Oxford 1927).
StUNT = Studien zur Umwelt des Neuen Testaments.
WdO = Welt des Orients.

Vierter Teil: Satzlehre

A. Der Satz und seine Teile

1. Der Satzbau

§ 90. Der Nominalsatz

1. Der Nominalsatz[1]), ein besonderes Kennzeichen der sem. Syntax, besteht in seiner gewöhnlichen zweigliedrigen Form aus Subjekt und Prädikat und stellt eine Aussage über den Zustand des Subjekts dar. Die Wortstellung ist meist Subjekt—Prädikat: הַבַּ֫יִת מָלֵא „das Haus [ist] voll" (2 Chr. 5, 13). Das ursprünglich nominale Perf. (§ 3, 2d) weist noch auf eine ältere umgekehrte Wortfolge hin: זָקַ֫נְתָּ < *zaqin-tā (§ 64, 1b) „du [bist] alt"; ebenso Bildungen wie עוֹדֶ֫נּוּ < *'ōdan-hū (§ 86, 9c) „er [ist] noch" (Gn. 18, 22). Die zweite Form entspricht einem Satztypus, in dem Prädikat und Subjekt im Gen.-Verhältnis (§ 97, 3a) zueinander stehen: יֵשׁ יְהוָה בַּמָּקוֹם הַזֶּה „Jahwe ist an diesem Ort", wörtlich: „das Sein Jahwes an diesem Ort" (Gn. 28, 16); vgl. ugar. 'iṯ yn = *'iṯu yēni „es gibt Wein"[2]).

2. Subjekt kann ein Subst., ein Adj., ein Pronomen, ein Inf. oder ein Verbalsatz sein.

---

[1]) E. Kautzsch, Grammatik, § 141; GVG II, §§ 20—59; H. Reckendorf, Arab. Syntax, §§ 1—4; J. Friedrich, Phön.-pun. Grammatik, § 316; C. H. Gordon, Textbook, § 13, 2. 3; K. Oberhuber, Zur Syntax des Richterbuches. Der einfache Nominalsatz und die sog. nominale Apposition. VT 3 (1953), 2—45; HS, §§ 13—32.

[2]) Vgl. C. H. Gordon, Textbook, § 13, 3.

a) Subst.: הַשָּׁמַיִם מְסַפְּרִים „die Himmel [sind] erzählend (= erzählen)" (Ps. 19, 2), dementsprechend auch ein Eigenname: אַבְרָהָם זָקֵן „Abraham [war] alt" (Gn. 24, 1); auch Präpositionen können auf Grund ihres ursprünglich nominalen Charakters als Subjekt fungieren, so partitiv gebrauchtes מִן: וּלְנָגִיד מִמֶּ֫נּוּ „und Fürst [war einer] von ihm" (1 Chr. 5, 2; zu verstärkendem לְ vgl. § 92, 4c); וּמֵהֶם עַל־כְּלֵי הָעֲבוֹדָה „und einige von ihnen [waren] über die Kultgeräte [gesetzt]" (1 Chr. 9, 28); ferner כִּי כָמ֫וֹךָ כְּפַרְעֹה[1]) „denn du [bist] wie der Pharao" (Gn. 44, 18), wobei כָּמ֫וֹךָ synt. als „dein Wie" zu verstehen ist.

b) Zum Adj. vgl. etwa: טוֹב־מְעַט בְּיִרְאַת יְהֹוָה מִן . . . „besser wenig in der Furcht Jahwes als . . ." (Prv. 15, 16).

c) Das Pronomen als Subjekt kongruiert im Genus und Numerus mit dem nominalen Prädikat: הִיא מְלֵאָה „sie [war] angefüllt" (Ez. 37, 1); מִי־כָמֹ֫כָה בָּאֵלִם „wer [ist] wie du unter den Göttern?" (Ex. 15, 11).

d) Zum Inf. vgl. § 102, 2; 4b.

e) Zum Verbalsatz als Subjekt vgl. § 113, 1b.

f) Das Subjekt kann durch die Partikel אֵת, אֶת־, die ursprünglich wohl nicht an einen bestimmten Satzteil gebunden war, sondern lediglich als Hervorhebung diente, betont werden: אֶת־כָּל־אֵלֶּה אַנְשֵׁי־חָ֫יִל „alle diese [waren] kriegstüchtige Männer" (Jdc. 20, 44); vgl. § 105, 1b.

3. Das Prädikat kann aus Subst., Adj. und Part., Pronomen und Adverbialbestimmungen bestehen.

---

[1]) Trenner, die nach BH³ und BHS bei nachfolgendem *bgdkpt* im Wortanlaut Dageš lene (§ 14, 4a) bedingen, werden in den aus dem Original gebotenen Beispielsätzen aus Gründen der Klarheit angegeben.

a) Subst.: וַהֲדַד נַּעַר „und Hadad [war] ein Knabe“ (1 R. 11, 17). Nach sem. Sprachempfinden treten Maß- und Materialangaben in das prädikative Verhältnis: קִירֹתָיו עֵץ „seine Wände [waren aus] Holz“ (Ez. 41, 22); עַמּוּדֵיהֶם עֲשָׂרָה „ihre Säulen [waren] zehn [an der Zahl]“ (Ex. 38, 12).

b) Adj. und Part.: הָרָעָב כָּבֵד „die Hungersnot [war] schwer“ (Gn. 43, 1); שְׁמִי נוֹרָא „mein Name [ist] gefürchtet“ (Mal. 1, 14).

c) Selbständiges Pronomen: הוּא הָעִיר הַגְּדֹלָה „das [ist] die große Stadt“ (Gn. 10, 12; zu הוּא für הִיא vgl. § 17, 2); מִי־הָאִישׁ הַלָּזֶה „wer [ist] dieser Mann?“ (Gn. 24, 65).

d) Pronominalsuffix (s. u. 1. 6a).

e) Adv.: וּפְנֵיהֶם אֲחֹרַנִּית „und ihr Gesicht [war] rückwärts [gewandt]“ (Gn. 9, 23); עֹשֶׁר בְּבֵיתוֹ „Reichtum [ist] in seinem Hause“ (Ps. 112, 3); כִּי־תְמוֹל אֲנַחְנוּ „denn wir [sind von] gestern“ (Hi. 8, 9); שְׂכָרְךָ הַרְבֵּה מְאֹד „dein Lohn [ist] sehr groß“ (Gn. 15, 1).

f) Das subst. oder adj. Prädikat ist nicht determiniert (§ 96, 4f).

4. Die Verneinung erfolgt in der Regel durch abs. אַיִן oder cstr. אֵין „Nichtsein“: וְאָדָם אַיִן „und Menschen [gab es] nicht“ (Gn. 2, 5); אֵין אִישׁ עִמָּנוּ „niemand [ist] bei uns“ (Gn. 31, 50). Dagegen verneint לֹא ein einzelnes Wort: יָדֶךָ לֹא־אֲסֻרוֹת „deine Hände [waren] ungebunden“ (2 S. 3, 34); so besonders bei pronominalem Subjekt: לֹא נְבוֹנִים הֵמָּה „sie [sind] nicht einsichtig“ (Jer. 4, 22). Doppelte Negationen heben sich nicht auf, sondern dienen zur Bekräftigung der Aussage: אֵין כֶּסֶף לֹא נֶחְשָׁב „Silber [war] nicht geschätzt“ (1 R. 10, 21).

5. Da der Nominalsatz als Zustandsaussage zeitlich neutral ist, muß die Zeitstufe aus dem Zusammenhange erschlossen werden; so etwa וְנָהָר יֹצֵא מֵעֵדֶן „und ein Strom ging aus von Eden" (Gn. 2, 10) mit Vergangenheitsbedeutung, יָדוֹ בַכֹּל „seine Hand [wird] gegen jedermann [sein]" (Gn. 16, 12) mit futurischem Sinn. Ebenso wie die Afformativkonjugation von Haus aus nicht nur statischen, sondern auch einen juss. Charakter aufweist (§ 101, 1), kann auch der Nominalsatz neben seiner Aussagefunktion juss. Sinn haben: שָׁלוֹם לָכֶם „Friede [sei] euch!" (Gn. 43, 23); אַל־דֳּמִי־לָךְ „raste nicht!", wörtlich: „nicht [sei] dir Ruhe!" (Ps. 83, 2).

6. a) Neben dem zweigliedrigen begegnet der eingliedrige Nominalsatz: עֶרֶב „[es ist] Abend" (Ex. 16, 6); יְדֵיהֶם „sie haben Hände" (Ps. 115, 7), wobei das Suffix im Gen. possessivus steht, so daß sich im Deutschen sinngemäß ergibt: „Hände [sind] ihnen [eigen]" (s. u. 1); vgl. auch den symbolischen Eigennamen אָהֳלָה > אָהֳלָה* „Ohola", wörtlich: „sie hat ein [eigenes] Zelt" (Ez. 23, 4f. 36. 44); שָׁמוֹר „Achtung!" (§ 103, 5).

b) Häufig sind die dreigliedrigen Nominalsätze, in denen das Personalpronomen 3. M./F. Sg. oder Pl. sowie הָיָה „sein" als Kopula gebraucht werden: אָנֹכִי הוּא מְנַחֶמְכֶם „ich bin euer Tröster" (Jes. 51, 12); רוּחַ־הִיא בֶאֱנוֹשׁ „Geist ist im Menschen" (Hi. 32, 8); הוּא הָיָה אִישׁ מִלְחָמָה „er war ein Kriegsmann" (Jos. 17, 1). Daneben kann auch יֵשׁ „Sein, Existenz" als Kopula fungieren: אִם־יֶשְׁכֶם עֹשִׂים חֶסֶד וֶאֱמֶת „wenn ihr nun Huld und Treue üben wollt" (Gn. 24, 49).

7. Die Wortfolge ist Prädikat—Subjekt, wenn auf dem Prädikat ein besonderer Nachdruck liegt: עָפָר אַתָּה „Staub [bist] du!" (Gn. 3, 19); so fast stets bei prädikativ gebrauch-

tem Fragepronomen (s. u. 3 c) und oft beim prädikativen Demonstrativpronomen: זֶה פִּתְרֹנוֹ „dies [ist] seine Deutung" (Gn. 40, 12) neben מַחֲנֵה אֱלֹהִים זֶה „dies [ist] das Heerlager Gottes" (Gn. 32, 3). Die gleiche Reihenfolge begegnet dort, wo der Satz die Form eines Gen.-Verhältnisses hat (s. die Beispiele u. 1. 6 a) oder das Subjekt erweitert ist: טוֹב תִּתִּי אֹתָהּ לָךְ מִתִּתִּי אֹתָהּ לְאִישׁ אַחֵר „es ist besser, daß ich sie dir als einem anderen gebe" (Gn. 29, 19).

§ 91. Der Verbalsatz

1. Der einfache Verbalsatz[1]) besteht aus dem Subjekt und dem Verbum finitum als Prädikat. Er kann eine Handlung, einen Vorgang, aber auch einen Zustand beschreiben: וַיֹּאמֶר הָאָדָם „und der Mensch sprach" (Gn. 2, 23), אָמְרוּ אֲחֵיכֶם „eure Brüder sagten" (Jes. 66, 5), זָקֵן יִצְחָק „Isaak war alt" (Gn. 27, 1). Die Wortfolge ist meist Prädikat—Subjekt; sie erklärt sich daraus, daß das Verbum finitum bereits einen geschlossenen Satz einfachster Bauart mit pronominalem Subjekt darstellt: כָּתַבְתִּי „ich schrieb", daß also das Subjekt nur erläuternd hinzutritt: וַיָּבֹא הָאִישׁ „und er trat ein — der Mann". Auf eine ältere Reihenfolge Subjekt—Prädikat weist das Imperf. (§ 3, 2 d) hin: יִכְתֹּב < *ya-ktub „er schreibt".

2. a) Die Wortfolge Subjekt—Verbum finitum findet sich bei betontem Subjekt: הַנָּחָשׁ הִשִּׁיאַנִי „die Schlange hat mich verführt" (Gn. 3, 13); so besonders in Zustandssätzen: אָבִינוּ זָקֵן „unser Vater ist alt geworden" (Gn. 19, 31). Hier fließen die Grenzen zum Nominalsatz, zumal da statische

---

[1]) E. Kautzsch, Grammatik, § 142; GVG II, §§ 60f., 95, 107; H. Reckendorf, Arab. Syntax, § 5f.; J. Friedrich, Phön.-pun. Grammatik, § 316; HS, §§ 33—52.

Formen wie זָקֵן auch nominal aufgefaßt werden können: אָבִינוּ זָקֵן „unser Vater ist alt" (ebd.).

b) Soll das im Verbum finitum enthaltene Subjekt hervorgehoben werden, so wird ihm das entsprechende selbständige Pronomen entweder voran- oder nachgestellt: וְאַתֶּם עֲזַבְתֶּם אוֹתִי „ihr aber habt mich verlassen" (Jdc. 10, 13), יֵבֹשׁוּ רֹדְפַי וְאַל־אֵבֹשָׁה אָנִי „meine Verfolger sollen zuschanden werden, nicht aber ich" (Jer. 17, 18); so häufig beim Imp.: קוּם אַתָּה „stehe auf!" (Jdc. 8, 21). Die gleiche Konstruktion begegnet auch in gewöhnlicher Redeweise: אֲנִי אָמַרְתִּי „ich sprach" (Jes. 38, 10).

c) Wie im Nominalsatz (§ 90, 2f), so kann auch im Verbalsatz vorangestelltes Subjekt durch die Partikel אֵת, אֶת־ (§ 105, 1b) hervorgehoben werden, so daß nach § 92, 4b ein zusammengesetzter Nominalsatz entsteht: אֶת־שְׁנֵי הַגּוֹיִם וְאֶת־שְׁתֵּי הָאֲרָצוֹת לִי תִהְיֶינָה „die beiden Völker und die beiden Länder sollen mir gehören" (Ez. 35, 10), wobei der deiktische, ursprünglich nicht an einen bestimmten nominalen Satzteil gebundene Charakter der Partikel אֵת sinngemäß im Deutschen am besten folgendermaßen umschrieben wird: „was die beiden Völker und die beiden Länder betrifft, so sollen sie mir gehören".

d) Das Verbum finitum wird zuweilen, wie bereits im Ugar. durch k-[1]), mittels proklit. כִּי hervorgehoben; es tritt in diesem Falle an das Ende des Satzes: וְחַטָּאתָם כִּי כָבְדָה מְאֹד „und ihre Sünde ist in der Tat sehr schwer" (Gn. 18, 20).

3. a) Die gewöhnliche Negation des Verbalsatzes ist לֹא, z. B. לֹא יָבֹא „er kommt nicht". Zuweilen begegnet in der

---

[1]) C. H. Gordon, Textbook, § 9, 17.

einfachen Aussage auch אַל: z. B. יָבֹא אֱלֹהֵינוּ וְאַל־יֶחֱרַשׁ „unser Gott wird kommen, und er wird nicht schweigen" (Ps. 50, 3); ferner בִּלְי: אֹסֶף בְּלִי יָבוֹא „Ernte kommt nicht" (Jes. 32, 10), und בַּל, das im Ugar. öfters auch affirmativ gebraucht wird[1]): בַּל־יֶחֱזָיוּן „sie werden nicht sehen" (Jes. 26, 11); בַּל־רָאָה לָנֶצַח „er hat niemals geschaut" (Ps. 10, 11).

b) Zu טֶרֶם „noch nicht" vgl. § 100, 2 d; zum Prohibitiv s. § 100, 4 d; zum negierten Finalsatz vgl. § 117, 2 b.

4. Zu den Zeitstufen des Verbalsatzes s. §§ 100 und 101.

§ 92. Der erweiterte und der zusammengesetzte Satz

1. Sowohl im Nominal- als auch im Verbalsatz kann das Subjekt durch Attribut (§ 97) oder Apposition (§ 98) ergänzt werden; so etwa appositionell im Nominalsatz: וְהַמֶּלֶךְ דָּוִד זָקֵן „und der König David [war] alt" (1 R. 1, 1) oder attributiv im Verbalsatz: וַיָּמָת מֶלֶךְ מִצְרַיִם „und es starb der König Ägyptens" (Ex. 2, 23).

2. a) Im Nominalsatz erfolgt die Erweiterung des Prädikats durch Attribut: הוּא הָיָה אִישׁ מִלְחָמָה „er war ein Kriegsmann" (Jos. 17, 1), durch Apposition: וּלְשַׁעַר הֶחָצֵר מָסָךְ עֶשְׂרִים אַמָּה „und das Tor zum Vorhof soll einen Vorhang haben, 20 Ellen [breit]" (Ex. 27, 16), durch Adverbialbestimmung: וְהוּא יֹשֵׁב פֶּתַח־הָאֹהֶל „und er saß im Zelteingang" (Gn. 18, 1), sowie durch Objekt nach einem Inf. oder Part., die den Objekts-Akk. regieren: טוֹב תִּתִּי אֹתָהּ לָךְ מִתִּתִּי אֹתָהּ לְאִישׁ אַחֵר „es ist besser, daß ich sie dir als einem anderen gebe" (Gn. 29, 19; vgl. § 90, 7), הִנֵּה־אָנֹכִי

---

[1]) C. H. Gordon, Textbook, § 9, 18.

מֵקִים רֹעֶה בָּאָרֶץ „siehe, ich lasse aufstehen einen Hirten im Lande" (Sach. 11, 16).

b) Wie das letzte Beispiel zeigt, ist die Wortfolge gewöhnlich Subjekt — Prädikat — Objekt — adv. Bestimmung; anderseits aber auch: וְהִנֵּה מִן־הַיְאֹר עֹלֹת שֶׁבַע פָּרוֹת „und siehe, aus dem Nil stiegen sieben Kühe" (Gn. 41, 2).

3. Im erweiterten Verbalsatz ist die Wortfolge Verbum finitum — Subjekt — Objekt — adv. Bestimmung[1]): וַיִּשְׁלַח דָּוִד אֶת־יָדוֹ אֶל־הַכֶּלִי „und es steckte David seine Hand in die Tasche" (1. S. 17, 49); doch auch hier gibt es Variationen, je nachdem, auf welchem Satzteil der Nachdruck liegt.

4. Dem Sem. eigentümlich ist der zusammengesetzte Nominalsatz[2]). In ihm kann entweder das Subjekt oder das Prädikat durch einen selbständigen Satz dargestellt werden. Selten kommt ein Subjektsatz im nominalen Gefüge vor: תּוֹעֵבָה יִבְחַר בָּכֶם „ein Greuel, wer euch erwählt" (Jes. 41, 24; vgl. § 115, 2 d); in der Regel bezeichnet man daher dasjenige Gefüge als zusammengesetzten Nominalsatz, in dem das Prädikat, bei stets vorangehendem nominalem Subjekt, durch einen selbständigen Nominal- oder Verbalsatz ausgedrückt wird. Subjekt und Prädikat gehören hierbei für sem. Sprachempfinden eng zusammen; daher ist es falsch zu sagen, das Subjekt stehe im „Casus pendens".

a) Im prädikativen Nominalsatz wird meist das Subjekt durch ein Pronomen wieder aufgenommen: .... יְהוָה בְּסוּפָה דַּרְכּוֹ „Jahwe — im Sturm [ist] sein Weg" (Na. 1, 3) für einfaches דֶּרֶךְ יְהוָה בְּסוּפָה „der Weg Jahwes [ist] im Sturm"; mit pronominalem Subjekt: וַאֲנִי זֹאת בְּרִיתִי אוֹתָם „und

---

[1]) K. Schlesinger, Zur Wortfolge im hebr. Verbalsatz. VT 3 (1953), 381—390.

[2]) E. Kautzsch, Grammatik, § 143; vgl. H. Reckendorf, Arab. Syntax, § 2; D. Michel, Tempora und Satzstellung, § 28.

ich — dies [ist] mein Bund mit ihnen" (Jes. 59, 21); in der
Frageform: הַאֲנֹכִי לְאָדָם שִׂיחִי „ich — [gilt] Menschen
meine Klage?" (Hi. 21, 4). Mitunter fehlt der pronominale
Rückverweis: וְהַדָּבָר . . . הִנֵּה יְהוָה בֵּינִי וּבֵינֶךְ „und die Angelegenheit — siehe, Jahwe [steht diesbezüglich] zwischen mir
und dir" (1 S. 20, 23).

b) Als zusammengesetzter Nominalsatz mit verbalem
Prädikat kann bereits ein Verbalsatz mit vorangestelltem
Subjekt angesprochen werden: הַנָּחָשׁ הִשִּׁיאַנִי „die Schlange
— sie hat mich verführt" (Gn. 3, 13); vgl. § 91, 2a. Beim
erweiterten prädikativen Verbalsatz begegnet meist, wie
beim entsprechenden Nominalsatz, ein pronominaler Rückverweis: אַדְמַתְכֶם . . . זָרִים אֹכְלִים אֹתָהּ „euer Acker . . .
Fremde zehren ihn auf" (Jes. 1, 7); אָנֹכִי בַּדֶּרֶךְ נָחַנִי יְהוָה
„ich — auf der Reise hat mich Jahwe geführt" (Gn. 24, 27);
ohne Rückbezug: הַמֵּת . . . יֹאכְלוּ הַכְּלָבִים „der Sterbende
. . . [ihn] sollen die Hunde fressen" (1 R. 21, 24). Darüber
hinaus kann ein Objekt synt. als Subjekt gelten: וְאֵת
כָּל־קִירוֹת הַבַּיִת . . . קָלַע פִּתּוּחֵי מִקְלְעוֹת כְּרוּבִים „und alle
Tempelwände . . . er stattete [sie] mit Kerubenreliefs aus"
(1 R. 6, 29); אֶת־יְהוָה צְבָאוֹת אֹתוֹ תַקְדִּישׁוּ „Jahwe der
Heere — ihn sollt ihr heilig halten!" (Jes. 8, 13); desgleichen
eine adv. Bestimmung: וּמֵעֵץ הַדַּעַת . . . לֹא תֹאכַל מִמֶּנּוּ
„und vom Baume der Erkenntnis — nicht sollst du von ihm
essen!" (Gn. 2, 17).

c) Eine besondere Betonung des Subjekts erfolgt durch
Einleitung des Prädikats mit וְ „und": וְעַתָּה וַאֲנִי עַבְדֶּךָ
„und was die Gegenwart betrifft, so bin ich dein Knecht"
(2 S. 15, 34); so vielfach bei Adv.-Bestimmungen: בְּמוֹתִי
וּקְבַרְתֶּם אֹתִי „wenn ich tot bin, so begrabt mich" (1 R.
13, 31).

Außerdem kann die altertümliche, traditionell mit לְ „zu" verwechselte emphatische Partikel לְ < *la (= arab.) oder < *lū (= ugar. und akkad.; vgl. לוּ „fürwahr"[1])) das Subjekt hervorheben[2]): לְכֶלֶב חַי הוּא טוֹב מִן־הָאַרְיֵה הַמֵּת „wenn auch nur ein Hund, so ist er lebend besser daran als ein toter Löwe" (Qoh. 9, 4).

2. Syntax des Nomens

§ 93. Das Pronomen als Subjekt und Prädikat

1. Das Pronomen fungiert als Subjekt oder Prädikat[3]). Bezieht es sich in einem Nominalsatz als Subjekt auf ein subst. Prädikat oder als Prädikat auf ein subst. Subjekt, so richtet es sich in Genus und Numerus nach dem Substantivum.

2. a) Das selbständige Personalpronomen (§ 30, 2) begegnet als Subjekt des Nominalsatzes: הִיא שִׁפְחָה „sie [ist] eine Magd" (Lv. 19, 20 Qere), als Prädikat: אֲנִי הָאִשָּׁה „ich [bin] die Frau" (1 S. 1, 26), אַתָּה הָאִישׁ „du [bist] der Mann" (2 S. 12, 7); vgl. § 90, 2 c.

b) Im Verbalsatz steht es, wenn das im Verbum finitum enthaltene Pronominalsubjekt verstärkt werden soll: וְכָזֹאת וְכָזֹאת יָעַצְתִּי אֲנִי „aber so und so habe ich geraten" (2 S. 17, 15); וְאַתֶּם פְּרוּ וּרְבוּ „ihr aber, seid fruchtbar und mehret euch!" (Gn. 9, 7); ebenso, wenn dem im Verbum finitum enthaltenen Subjekt noch ein oder mehrere Subjekte

---

[1]) C. H. Gordon, Textbook, § 9, 16.

[2]) Vgl. A. Kropat, Syntax, 4—8; F. Nötscher, Zum emphatischen Lamed. VT 3 (1953), 372—380; W. J. Moran, The Hebrew Language in Its Northwest Semitic Background. In: Albright-Festschr., 60. 69; O. Eißfeldt, Psalm 80 und Psalm 89. WO 3 (1964), 27—31, insbesondere 29, Anm. 1.

[3]) E. Kautzsch, Grammatik, §§ 135—139.

folgen: כַּאֲשֶׁר עָשִׂינוּ אֲנַחְנוּ וַאֲבֹתֵינוּ מְלָכֵינוּ וְשָׂרֵינוּ „wie wir getan haben, wir und unsere Väter, unsere Könige und Oberen" (Jer. 44, 17).

c) Im Nom. kann das Personalpronomen auch jeden anderen Satzteil verstärken; z. B. das Objekt: בָּרֲכֵנִי גַם־אָנִי „segne auch mich!" (Gn. 27, 34).

3. Das sowohl subst. wie adj. (§ 97) gebrauchte Demonstrativ (§ 31, 1) steht als Subjekt z. B. in זֶה הֶבֶל „das [ist] nichtig" (Qoh. 6, 2); זֶה לֹא יֵלֵךְ עִמָּךְ „dieser wird nicht mit dir gehen" (Jdc. 7, 4). Häufig ist es Prädikat im Nominalsatz: זֹאת אוֹת־הַבְּרִית „dies [ist] das Bundeszeichen" (Gn. 9, 12); הֵמָּה הַגִּבֹּרִים „jene [sind] die Helden" (Gn. 6, 4).

4. a) Das subst. Fragepronomen מִי „wer?", מָה „was?" (§ 31, 2a. b) steht als Subjekt: מִי חָכָם „wer [ist] klug?" (Hos. 14, 10), מִי־הֱבִיאֲךָ הֲלֹם „wer hat dich hierher gebracht?" (Jdc. 18, 3); als Prädikat: מִי הָאֲנָשִׁים הָאֵלֶּה „wer [sind] diese Männer?" (Nu. 22, 9), מָה־הַדָּבָר הַזֶּה „was [bedeutet] diese Sache?" (Ex. 18, 14).

b) Zu adj. אֵי־זֶה „welcher?" s. § 31, 2 c.

§ 94. Das Nomen als Subjekt und Prädikat

1. Subjekt eines Satzes kann, abgesehen vom bereits behandelten subst. Pronomen (§ 93), jedes Nomen sein: das eigentliche Subst. einschließlich Eigennamen, das subst. Adj. und das subst. Partizipium. Für Nominal- und Verbalsatz gilt die Grundregel, daß das Subjekt sein nominales oder verbales Prädikat nach Genus und Numerus regiert. Diese Regel wird jedoch oft durchbrochen, da Sprachlogik und formale Kongruenz nicht immer zusammenfallen[1]).

---

[1]) E. Kautzsch, Grammatik, §§ 122—124.

2. a) Das natürliche Geschlecht haben Wörter wie אָב „Vater", אֵם „Mutter". Wo in einem Wort M. und F. zusammenfallen, entscheidet der Sinn: וְהִנֵּה גְמַלִּים בָּאִים „und siehe, Kamele kamen" (Gn. 24, 63), גְּמַלִּים מֵינִיקוֹת „säugende Kamele" (Gn. 32, 16), daneben unter Dominanz des formalen M.: גְּמַלִּים מֵינִיקוֹת וּבְנֵיהֶם „säugende Kamele und ihre Jungen" (ebd.).

b) Stehen M. und F. nebeneinander, so herrscht M. vor; s. u. 4.

c) Als F. gelten häufig Körperteile, ferner Werkzeuge und auch Kleidungsstücke, besonders wenn sie paarweise vorkommen: אֹזֶן „Ohr", יָד „Hand", עַיִן „Auge", רֶגֶל „Fuß", שֵׁן „Zahn", כָּנָף „Flügel", נַעַל „Schuh", חֶרֶב „Schwert". Anderseits sind M. אַף „Nase", אוֹפַן „Rad".

d) Abstrakta können M. sein, z. B. das Verbalsubst. הֶרֶג „Mord". Meist aber sind es F.-Bildungen wie טוֹבָה „Gutes", גְּבוּרָה „Stärke", שְׁמוּעָה „Gerücht, Kunde" (§ 37, 5) oder Pl. גְּדֹלוֹת „Großes"; ferner Verbalsubstantive: יִרְאָה „Furcht" (§ 35, 1b), דֵּעָה und דַּעַת „Wissen", sowie durch -ūṯ und -īṯ besonders gekennzeichnete Abstraktbildungen (§ 56, 1b. 2a).

e) Geographische Bezeichnungen sind oft F.; z. B. אֶרֶץ, Pl. אֲרָצוֹת „Land, Erde", עִיר, Pl. עָרִים (§ 58, 17) „Stadt". Jedoch schwankt der Genusgebrauch oft ohne ersichtlichen Grund, so ist שַׁעַר „Tor" M. und F.; anderseits ändert sich das Genus mit dem Sinn; vgl. F. אֶרֶץ „Land" mit kollektivem M.: וְיָדְעוּ כָּל־הָאָרֶץ „und es soll die ganze Welt (= alle Leute) erkennen" (1 S. 17, 46).

f) Geographische Namen sind ebenfalls oft F., z. B. אַשּׁוּר „Assur" als Stadt; mit der Bedeutungsverschiebung

kann sich auch hier das Genus ändern, so M. אַשּׁוּר „Assyrer"
als Volk neben F. (Ez. 32, 22).

g) Titel haben, wie im Arab., manchmal F.-Formen, sind
aber M.: קֹהֶלֶת „Prediger".

3. a) Der im Hebr. nur noch rudimentäre Du. hat, abgesehen vom adj. שְׁנַיִם „zwei" (§ 59, 1), im Gegensatz zum
Ugar.[1]) keine adj. und pronominale Entsprechung. Er wird
daher synt. wie ein Pl. M. oder F. behandelt; s. u. 4b.

b) Das grammatische Genus beim Pl. widerspricht zuweilen der Sprachlogik; für die Kongruenz entscheidet dann
meist der Sinn: וְהֶעָרִים בְּצֻרוֹת „und die Städte [sind] befestigt" (Nu. 13, 28); הָאָבוֹת מְבַעֲרִים אֶת־הָאֵשׁ „die Väter
zünden das Feuer an" (Jer. 7, 18).

c) Kollektivbegriffe wie אָדָם „Mensch, Menschen",
בָּקָר „Großvieh, Rinder" oder צֹאן „Kleinvieh" regieren
im allgemeinen ihr Prädikat im Pl.: הַבָּקָר הָיוּ חֹרְשׁוֹת „die
Rinder waren [gerade] beim Pflügen" (Hi. 1, 14), doch
kommt, wenn auch seltener, der Sg. vor: מַה־יַּעֲשֶׂה אָדָם לִי
„was könnten Menschen mir antun?" (Ps. 56, 12); letzteres
ist die Regel bei F.-Bildungen wie גּוֹלָה „Exulantenschaft,
Exulanten", יֹשֶׁבֶת „Bewohnerschaft" und den Zusammensetzungen mit בַּת „Tochter" (vgl. § 43, 5): רָנִּי וֹשֹׁבֶת צִיּוֹן
„jubelt, ihr Bewohner des Zion!" (Jes. 12, 6), גִּילִי מְאֹד
בַּת־צִיּוֹן הָרִיעִי בַּת יְרוּשָׁלַ͏ם „frohlockt laut, Zionsbewohner,
jauchzt, Einwohner von Jerusalem" (Sach. 9, 9).

d) Die Formen אֲדֹנִים „Herr, Herren", אֱלֹהִים „Gott,
Götter" können als Sg. oder als Pl. gebraucht werden; vgl.
für den Sg. אֲדֹנִים קָשֶׁה „ein harter Herr" (Jes. 19, 4). Der
Sinn entscheidet hier, wie auch im Phön.[2]), über den Numerus.

---

[1]) C. H. Gordon, Textbook, §§ 6, 4. 9. 10; 8, 5.
[2]) J. Friedrich, Phön.-pun. Grammatik, § 306.

e) Pl.-Formen mit Sg.-Bedeutung, z. B. die Abstrakta זְקֻנִים „Greisenalter", כִּפֻּרִים „Sühne", שִׁלֻּמִים „Vergeltung", עֹלֵלוֹת „Nachlese", bieten, da gewöhnlich als Pl. konstruiert, keine Besonderheit.

4. a) Im Nominalsatz ist die Kongruenz[1]) zwischen Subjekt und Prädikat die Regel, wenn letzteres ein Adj. oder Part. ist; s. § 90, 2 b.

b) Nach kollektivem Subjekt begegnet der Pl. des Prädikats z. B. in וְהָעָם חֹנִים סְבִיבֹתָו „und die Leute lagerten rings um ihn" (1 S. 26, 5).

c) Zum Pl.-Subjekt mit Sg.-Bedeutung vgl. גָּדוֹל אֲדוֹנֵינוּ „groß [ist] unser Herr (= Gott)" (Ps. 147, 5).

d) Zuweilen hat ein distributiv aufzufassender Pl. einen prädikativen Sg. nach sich: אֹרְרֶיךָ אָרוּר „jeder, der dich verflucht, sei verflucht" (Gn. 27, 29).

e) Zum Subjekt im Du. vgl.: וְעֵינֵי לֵאָה רַכּוֹת „und Leas Augen waren matt" (Gn. 29, 17).

f) Geht das adj. Prädikat dem Subjekt voraus, so steht es zuweilen im Sg.: יָשָׁר מִשְׁפָּטֶיךָ „gerecht sind deine Urteilssprüche" (Ps. 119, 137).

g) Das M. dominiert mitunter über zu erwartendes F.: אֲנַחְנוּ מְקַטְּרִים (²לְמַלְכַּת* הַשָּׁמַיִם) „wir (F.) räuchern der Himmelskönigin" (Jer. 44, 19).

5. a) Auch im Verbalsatz (§ 91) besteht Kongruenz zwischen Subjekt und Prädikat, besonders wenn ersteres vorangeht: וְהַנָּשִׁים תִּשָּׁגַלְנָה „und die Frauen werden vergewaltigt" (Sach. 14, 2), neben seltenerem כָּל־הַנָּשִׁים יִתְּנוּ

---

[1]) E. Kautzsch, Grammatik, § 145.
²) Vgl. BH³ zur Stelle.

2*

„alle Frauen werden geben" (Est. 1, 20). Besteht dagegen
das Subjekt in einem Pl. von Tier- und Sachbezeichnungen
sowie Abstraktbegriffen, oder geht das Verbum finitum
seinem Beziehungswort voraus, so herrscht oft Disgruenz,
allerdings nicht so systematisch wie im arab. Schema; vgl.
auch § 3, 2i.

b) Das Verbum finitum kann im F. Sg. vor und nach dem
Pl. von Tier- und Sachbezeichnungen sowie Abstrakt-
begriffen stehen: עַד־מָתַי תָּלִין בְּקִרְבֵּךְ מַחְשְׁבוֹת אוֹנֵךְ „wie
lange sollen deine heillosen Gedanken in dir verweilen?"
(Jer. 4, 14); בַּהֲמוֹת שָׂדֶה תַּעֲרוֹג „die Tiere des Feldes lechzen"
(Jo. 1, 20).

c) Das Verbum finitum kann, da in sich ruhend (vgl.
§ 91, 1), mit neutralem 3. M. Sg. voranstehen; das Subjekt
tritt dann ergänzend im beliebigen Genus und Numerus
hinzu: וַיַּעֲבֹר הָרִנָּה „und es erscholl der Ruf" (1 R. 22,
36); וְשַׁח גַּבְהוּת הָאָדָם „und gebeugt wird der Hochmut
der Menschen" (Jes. 2, 17); וְעָנָה אִיִּים „und Schakale
werden heulen" (Jes. 13, 22); יְהִי מְאֹרֹת „es sollen Lichter
entstehen" (Gn. 1, 14); וְחָשׁ עֲתִדֹת לָמוֹ „und es eilt herbei,
was ihnen bestimmt ist" (Dt. 32, 35); zum abstrakten Pl. F.
עֲתִדֹת s. u. 4e.

d) Kollektivbegriffe regieren oft vorangehendes oder
folgendes Verbum finitum im Pl.: תָּבֹאן הַצֹּאן „das Kleinvieh kommt" (Gn. 30, 38); וַיָּנֻסוּ אֲרָם „und es flohen die
Aramäer" (1 R. 20, 20); וּמוֹלַדְתְּךָ . . . לְךָ יִהְיוּ „und deine
Kinder sollen dir gehören" (Gn. 48, 6). Vorangehenden Sg.
und folgenden Pl. weist auf: וַיִּרֶב הָעָם וַיַּעַצְמוּ מְאֹד „und
das Volk mehrte sich und wurde sehr stark" (Ex. 1, 20).
Bei Länder- und Völkernamen kann auch F. Sg. stehen:
אָבְדָה מִצְרָיִם „Ägypten geht zugrunde" (Ex. 10, 7; s. u. 2f).

e) Zum Pl. mit Sg.-Bedeutung vgl. אֲדֹנָיו יִתֶּן־לֹו אִשָּׁה „sein Herr gibt ihm eine Frau" (Ex. 21, 4).

f) Zum Verbum im Sg. nach distributivem Pl. vgl. מְחַלְלֶיהָ מֹות יוּמָת „jeder, der ihn (den Sabbat) entweiht, soll gewiß getötet werden" (Ex. 31, 14).

g) Zum Du. als Subjekt vgl. יָדָיו תָּשֵׁבְנָה אֹונֹו „seine Hände geben sein Gut zurück" (Hi. 20, 10); mit Sg.-Prädikat (s. u. c): טַח מֵרְאֹות עֵינֵיהֶם „verklebt sind ihre Augen, daß sie nicht sehen" (Jes. 44, 18).

h) Öfter dominiert das M. über das F.: תִּשֶּׂאינָה וִידַעְתֶּם „ihr (F.) sollt tragen, damit ihr erkennt" (Ez. 23, 49).

6. Vornehmlich dichterisch ist das doppelte Subjekt[1]): einem Subjekt wird das Instrument, mit dem eine Handlung verrichtet wird, im Nominativ asyndetisch beigeordnet. Die Verbindung wird durch ein Suffix hergestellt: קֹולִי אֶל־יְהֹוָה אֶקְרָא „meine Stimme — ich rufe zu Jahwe", im Deutschen adv.: „laut rufe ich zu Jahwe" (Ps. 3, 5).

7. Bei zusammengesetztem Subjekt ergeben sich folgende Regeln[2]):

a) In einer Gen.-Verbindung (§ 44, 2) bestimmt gewöhnlich das Nomen regens das Prädikat: בֵּית רְשָׁעִים יִשָּׁמֵד וְאֹהֶל יְשָׁרִים יַפְרִיחַ „der Frevler Haus wird vertilgt, aber der Rechtschaffenen Zelt blüht" (Prv. 14, **11); doch** regiert zuweilen das Nomen rectum: קֶשֶׁת גִּבֹּרִים חַתִּים „der Bogen der Helden [ist] zerbrochen" (1 S. 2, 4), רֹב שָׁנִים יֹדִיעוּ חָכְמָה „mag die Fülle der Jahre Weisheit kundtun" (Hi. 32, 7). So stets bei כֹּל „Gesamtheit": וְיָדְעוּ כָּל־הָאָרֶץ „und es soll die ganze Welt erkennen" (1 S. 17, 46; s. u. 2 e).

---

[1]) E. Kautzsch, Grammatik, § 144, 4.
[2]) E. Kautzsch, Grammatik, § 146; HS, § 124.

b) Ist das Subjekt aus mehreren, durch וְ „und" verbunden Gliedern zusammengesetzt, so steht das nachfolgende Prädikat unter Dominanz des M. im Pl.: אַבְרָהָם וְשָׂרָה זְקֵנִים „Abraham und Sara [waren] alt" (Gn. 18, 11).

Vorangehendes Prädikat kann ebenfalls im Pl. stehen: וַיֵּצְאוּ מֹשֶׁה וְאֶלְעָזָר הַכֹּהֵן „da traten Mose und der Priester Eleasar heraus" (Nu. 31, 13), sich aber auch nach dem zunächst stehenden Subjekt richten; so z. B. וַיָּקָם דָּוִד וַאֲנָשָׁיו „da erhoben sich David und seine Männer" (1 S. 23, 13); וַיֹּאמֶר אָחִיהָ וְאִמָּהּ „da sprachen ihr Bruder und ihre Mutter" (Gn. 24, 55); וַתַּעַן רָחֵל וְלֵאָה „da antworteten Rahel und Lea" (Gn. 31, 14); וַתְּדַבֵּר מִרְיָם וְאַהֲרֹן „da sagten Mirjam und Aaron "(Nu. 12, 1).

8. a) Das dem deutschen „man" entsprechende unpersönliche Subjekt[1]) wird ausgedrückt durch 3. M. Sg.: וַיֹּאמֶר „da sprach man" (Gn. 48, 1); sinngemäß auch 3. F. Sg.: יֻלְּדָה „man gebar" (Nu. 26, 59). Sehr oft steht 3. M. Pl.: שָׁמָּה קָבְרוּ אֶת־אַבְרָהָם „dort begrub man Abraham" (Gn. 49, 31); ferner 2. M. Sg.: לֹא־תָבוֹא שָׁמָּה „man gelangt nicht dorthin" (Jes. 7, 25), und Part. Pl.: אֶת־כָּל־נָשֶׁיךָ וְאֶת־בָּנֶיךָ מוֹצִאִים „alle deine Frauen und Söhne führt man hinaus" (Jer. 38, 23).

Daneben kann אִישׁ „Mann" in gleicher Bedeutung fungieren: כֹּה־אָמַר הָאִישׁ „so sagte man" (1 S. 9, 9). Zum Pass. אָז הוּחַל „damals begann man" (Gn. 4, 26) s. § 109, 1 b.

b) Deutschem unpersönlichen „es" entspricht vor allem 3. M. Sg.: וַיְהִי „und es geschah", וְהָיָה „und es wird geschehen" (1 S. 30, 6); doch auch F.: וַתֵּצֶר לְדָוִד „und

---

[1]) E. Kautzsch, Grammatik, § 144; HS, § 36.

David wurde es bange" (1 S. 30, 6) neben M. וַיֵּצֶר לָהֶם „und es bedrängte sie sehr" (Jdc. 2, 15). Zum unpersönlichen Part. Pass. vgl. § 109, 3 b.

§ 95. Der Gebrauch der Kasus

1. a) Nach sem. Sprachempfinden kann ein Nomen synt. entweder für sich allein und damit unabhängig stehen oder an einen übergeordneten nominalen beziehungsweise verbalen Begriff angelehnt sein und demzufolge von diesem regiert werden; im ersten Falle steht es im Casus rectus, im zweiten dagegen im Casus obliquus. Diese einfache Polarität begegnet durchweg im Du. und Pl., wobei herkömmlich der Casus rectus als Nom., der Casus obliquus als Gen./Akk. bezeichnet wird. Im Sg. ist der Casus obliquus bildungsmäßig in der Regel nochmals geteilt, so daß die Dreiteilung Nom., Gen. und Akk. entsteht (§ 3, 2 f).

Daneben lassen sich in Ugarit einige Namen nachweisen, die — wie die sogenannten Diptota im Arab. — auch im Sg. offensichtlich nur über e i n e n einheitlichen Casus obliquus auf -a verfügen; so lautet nach Ausweis einer akkad. Umschrift von dem Eigennamen *'ugrt* „Ugarit" der Gen. *'ugarita*, stimmt also morphologisch mit dem Akk. überein[1]). Da dieser Sachverhalt zu der Annahme berechtigt, daß primär nur der Gegensatz zwischen Unabhängigkeit und Abhängigkeit des Nomens in einem synt. Gefüge empfunden und zum Ausdruck gebracht wurde, kann man auch verstehen, warum sich die Zahl der obliquen Kasus auf das absolute Minimum beschränkt und es beispielsweise einen Dativ nicht gibt (§ 107, 5).

b) Anders als im Ugar. sind im Hebr. die Kasus formal nicht mehr erkennbar (§§ 4, 3 b; 45, 2), und Kasusreste besitzen kein synt. Eigengewicht mehr (§ 45, 3 a—d); gleich-

---

[1]) C. H. G o r d o n, Textbook, § 8, 14.

wohl werden die verschiedenen Funktionen des Nomens innerhalb des Satzgefüges empfunden. Dies wird besonders dort deutlich, wo man die Partikel אֶת zur Kennzeichnung des Akk. benutzt (§ 105, 2—5) und es damit vom Subjekt unterscheidet, während anderseits das Nomen in Gen.-Stellung schon dadurch erkennbar ist, daß es in Attraktion zu seinem Beziehungswort steht (§ 97, 3 a—e).

2. Der Nominativ als Casus rectus ist der Kasus des Subjekts und des nominalen Prädikats (§ 94) sowie der Kasus der Anrede, der Vokativ; in dieser Funktion ist er als Apposition zur zweiten Person aufzufassen, gleichgültig, ob diese formal in Erscheinung tritt, אַתָּה הַמֶּלֶךְ „du, o König!“, oder nicht, הַמֶּלֶךְ „o König!“ (§ 96, 4b). Der Nom. steht aber auch, wenn etwa ein Akk.-Objekt pronominal hervorgehoben werden soll, da in diesem Falle das betreffende Pronomen im synt. Gefüge isoliert fungiert (§ 93, 2c); aus dem gleichen Grunde steht der Inf. abs. im Nom., wenn er, gleichsam als verbal-nominale Apposition und damit isoliert, ein Verbum finitum von gleicher Wurzel verstärkt (§ 103, 3b). Der Nom. kann, wenn auch selten, bereits im klassischen Hebr. durch die Partikel אֶת beim Subjekt hervorgehoben werden (§ 105, 1b).

3. Der Genetiv drückt das Verhältnis eines subst. Nomens zu einem anderen übergeordneten Nomen aus; er ist daher der adnominale Kasus. Da es, abgesehen vom Subjekt-Prädikat-Verhältnis im Nominalsatz, keine andere unmittelbare Beziehung zwischen Substantiven als die des Gen. gibt, haben auch alle Präfixe und präpositionalen Ausdrücke den Gen. nach sich; hierzu ist, neben dem Arab., aus alter Zeit etwa ugar. *lks'i = *lakissi'i* „vom Throne“[1] mit dem *-i* des Gen. (§ 45, 1) zu vergleichen. Sinngemäß stehen auch

---

[1] C. H. Gordon, Textbook, § 10, 11.

die Pronominalsuffixe beim Nomen im Gen. (vgl. § 30, 3b).

4. Der Akkusativ ist im weitesten Sinne der adverbale Kasus; er drückt die vielfältigen Beziehungen des Nomens zu einem übergeordneten Verbum aus und ist somit der Kasus des Objekts (§ 105) und der adverbiellen Bestimmungen (§ 106). Dementsprechend gehört der Akkusativ in den Bereich der verbalen Syntax.

5. Im Interesse einer sachgemäßen Lösung von einer Betrachtungsweise, die weithin noch an der lat. beziehungsweise indogerm. Grammatik ausgerichtet ist, wäre es gerechtfertigt, wenn man die drei Kasus des Sg. als Rectus, Adnominalis und Adverbalis bezeichnete und sich im Pl. und Du. auf die beiden Fälle Rectus und Obliquus beschränkte; doch sollen die herkömmlichen Termini in dieser Grammatik weiterhin beibehalten werden, um den ohnehin bestehenden Begriffswirrwarr auf grammatischem Gebiete nicht noch mehr zu vergrößern.

§ 96. Die Determination

1. a) Unter Determination[1]) versteht man die Näherbestimmung eines Nomens gegenüber seinem Allgemeinbegriff: „Haus" — „das Haus"; Indetermination bezeichnet den unbestimmten Charakter: „Haus" — „ein Haus". Das Altsem. kennt noch keine Determination; nur gelegentlich benutzt man sowohl im Akkad. als auch im Ugar. das an sich vieldeutige Enklitikum -mā, um eine Näherbestimmung auszudrücken (§ 3, 2f). Eine Determination durch ein besonderes Demonstrativelement, den sogenannten Artikel, gehört erst der jungwestsem. Sprachstufe an (§ 32, 1a). Von daher erklärt sich die synt. wenig feste Stellung des Artikels; er ist in den Prosatexten, die den Fluß der sprachlichen Entwicklung deutlicher widerspiegeln als die archai-

---

[1]) E. Kautzsch, Grammatik, §§ 125f.; HS, §§ 20f.

sche beziehungsweise archaisierende Poesie, häufiger als in
den dichterischen Gattungen.

b) Anderseits verfügt aber auch das Hebr. des AT, entsprechend seinem altwestsem. Substrat, noch rudimentär
über den determinativen Gebrauch von enklit. -mā, der dem
Sprachempfinden einer späteren Epoche zum Opfer gefallen ist und erst in neuester Zeit wiederentdeckt wurde
(§§ 32, 1b; 87, 6). So dürfte das Enklitikum als Unterstreichung des Vokativs (s. u. 4b) in folgendem Satze vorliegen:
‏וְעַתָּה בְנִי־ם שְׁמַע* לִי‎ *$we^{c}attā$ $b_{e}n\bar{\imath}$-mā $\check{s}ema^{c}$ $l\bar{\imath}$ „nun
denn, mein Sohn, höre auf mich!" (Prv. 5, 7); diese Text-
auffassung entspricht nicht nur dem literarischen Zusammenhange (vgl. 5, 1. 20), sondern auch G, während MT
‏וְעַתָּה בָנִים שִׁמְעוּ־לִי‎ „nun denn, Söhne, hört auf mich!"
offensichtlich auf Angleichung an einen vermeintlichen Pl.
‏בנים‎ beruht[1]). Ebenso begegnet -mā beim St. cstr. in Gen.-
Verbindungen (§ 32, 1): ‏מְחַץ מָתְנֵי־ם קָמָיו‎ *$m^{e}ha\d{s}$ $m\bar{a}\underline{t}n\bar{e}$-
mā $q\bar{a}m\bar{a}w$ „zerschmettere die Lenden seiner Widersacher"
(Dt. 33, 11), wofür MT ‏מְחַץ מָתְנַיִם קָמָיו‎ bietet, während
Sam. einfachen St. cstr. ‏מתני‎ liest[2]).

2. a) Als an sich determiniert gelten Eigennamen von
Personen, Städten, Ländern, Völkern, Flüssen und Gebir-
gen: ‏אַבְרָהָם‎ „Abraham", ‏יְרוּשָׁלַ͏ם‎ „Jerusalem", ‏מוֹאָב‎
„Moab", ‏פְּרָת‎ „Euphrat", woneben jetzt auch ‏פורת‎ belegt
ist (1 Q M 2, 11), ‏חֶרְמוֹן‎ „Hermon"; ferner ursprüngliche
Gattungsbegriffe, die zu Eigennamen geworden sind: ‏עֶלְיוֹן‎
„der Höchste", vielfach ‏אָדָם‎ „Adam", ‏שָׂטָן‎ „Satan", F.
‏שְׁאֹל‎ „Unterwelt", ‏תֵּבֵל‎ „Erdkreis" (dichterisch), F. und
M. ‏תְּהֹם‎ „Urtiefe, Ozean".

---

[1]) Vgl. M. Dahood, S. J., Proverbs, 12 (Lit.).
[2]) Vgl. W. F. Albright, The Old Testament and Canaanite
Language and Literature. Catholic Biblical Quarterly 7 (1945), 23f.

b) Determiniert sind weiterhin die selbständigen Personal-
pronomina, die Pronominalsuffixe und die als Subjekt oder
Prädikat (§ 93, 3) subst. gebrauchten Demonstrative.

3. Die übrigen Substantive gelten als determiniert, falls
sie durch einen nachfolgenden Gen. in Gestalt eines Eigen-
namens, eines Pronominalsuffixes sowie eines wiederum
determinierten Subst. (§ 97, 3a) oder aber durch den Artikel
näher bestimmt sind.

4. a) Der Artikel wird gebraucht, wenn ein Nomen in der
Rede bereits eingeführt ist: קְחוּ לִי־חֶרֶב וַיָּבִאוּ הַחֶרֶב
„holt mir ein Schwert! Und sie brachten das Schwert" (1
R. 3, 24); wenn es sich um eine allgemein bekannte Person
oder Sache handelt: תַּחַת הָאֵלָּה „unter der Eiche" (Gn.
35, 8); bei Einmaligkeit der betreffenden Person oder des
Gegenstandes: הַשֶּׁמֶשׁ „die Sonne", הַכֹּהֵן הַגָּדוֹל „der
Hohepriester"; bei Beschränkung von Allgemeinbegriffen
auf Einzeldinge und -personen: הָאֵל „der (einzige) Gott",
הַנָּהָר „der Strom" (= „Euphrat").

b) Der Artikel wird in der Regel beim Vokativ, der synt.
eine Apposition zur zweiten Person darstellt, gesetzt:
הוֹשִׁעָה הַמֶּלֶךְ „hilf, o König!" (2 S. 14, 4). Anderseits
kann der Artikel aber auch fehlen: שֶׁמֶשׁ בְּגִבְעוֹן דּוֹם וְיָרֵחַ
בְּעֵמֶק אַיָּלוֹן „Sonne, stehe still in Gibeon, und Mond, im
Tale Ajalon!" (Jos. 10, 12); ebenso bei vorhergehender Einführung: תְּשֻׁאוֹת מְלֵאָה עִיר הוֹמִיָּה „von Gebraus erfüllte,
lärmende Stadt!" (Jes. 22, 2) und Fügungen wie שִׁמְעוּ עַמִּים
כֻּלָּם „hört, [ihr] Völker alle!", wobei fraglich bleibt, ob in
כֻּלָּם das Suff. 3. M. Pl. die Anrede ausdrücken soll, oder ob
hier die Konsonantengruppe כלם nicht vielmehr auf altes
*kulla-mā zurückgeht, so daß sich ergäbe: „hört [ihr]

Völker, die Gesamtheit!" in der Bedeutung „insgesamt"
(1 R. 22, 28). Zum rudimentären Gebrauch von altertüm-
lichem -*mā* beim Vokativ s. u. 1 b.

c) Ursprüngliche Appellative als Eigennamen haben oft
den Artikel: הַגִּבְעָה „Gibea", eigentlich „der Hügel"; so
auch Völkernamen in Form des Beziehungsadj. (§ 41, 4):
הַכְּנַעֲנִי „der Kanaanäer", בֶּן־הַיְמִינִי „der Benjaminit"
neben unbestimmtem בֶּן־יְמִינִי; ohne Artikel begegnet
meist פְּלִשְׁתִּים „die Philister" und stets כַּפְתֹּרִים „die
Kreter".

d) Häufig determiniert der Artikel Gattungsbegriffe, um
etwas Typisches oder Allgemeines zu kennzeichnen: אֶת־
הַצַּדִּיק וְאֶת־הָרָשָׁע יִשְׁפֹּט הָאֱלֹהִים „den Gerechten und den
Gottlosen richtet Gott" (Qoh. 3, 17); וַיְשַׁלַּח אֶת־הָעֹרֵב
„und er sandte einen Raben aus" (Gn. 8, 7); הָאִשָּׁה „das
weibliche Geschlecht" (Qoh. 7, 26); אַבְרָם כָּבֵד מְאֹד בַּמִּקְנֶה
„Abraham war sehr reich an Vieh" (Gn. 13, 2); אֶת־
מַרְכְּבֹתֵיהֶם שָׂרַף בָּאֵשׁ „ihre Wagen verbrannte er mit Feuer"
(Jos. 11, 9); יִכּוֹן בַּצֶּדֶק כִּסְאוֹ „durch Gerechtigkeit wird
sein Thron befestigt" (Prv. 25, 5); כַּשֶּׁלֶג יַלְבִּינוּ „sie sind
weiß wie Schnee" (Jes. 1, 18); וַיְהִי הַיּוֹם „und eines Tages
geschah es" (1 S. 14, 1). Die Determination unterbleibt gewöhnlich bei nachfolgendem Attribut: כְּעוֹף נוֹדֵד „wie
flatternde Vögel" (Jes. 16, 2; vgl. § 94, 3 c).

e) Zum Art. beim adj. Attribut s. § 97, 2.

f) Keinen Artikel hat das nominale Prädikat, da es eine
allgemeine Eigenschaft des Subjekts bezeichnet; s. § 90, 3.

5. Wo eine Person oder eine Sache als unbestimmt gilt
oder neu eingeführt wird, steht kein Artikel: קְחוּ לִי־חֶרֶב
„reicht mir ein Schwert!" (1 R. 3, 24); vgl. auch § 32, 6.

§ 97. Das Attribut

1. Jedes Subst. kann attributiv näher bestimmt werden; man unterscheidet das adj. und das subst. Attribut.

2. a) Das adj. Attribut[1] kann ein Adj., Part. oder adj. Demonstrativum sein. Es wird stets nachgestellt und richtet sich in Kasus, Genus und Numerus sowie Determination nach dem Beziehungswort: בַּ֫יִת גָּדוֹל „ein großes Haus", הַבַּ֫יִת הַגָּדוֹל „das große Haus", הָאֲנָשִׁים הַהֹלְכִים „die gehenden Männer" (2 S. 23, 17); הָעִיר הַזֹּאת „diese Stadt". Ein Demonstrativum neben einem anderen Adj. folgt an letzter Stelle: הָעִיר הַגְּדוֹלָה הַזֹּאת „diese große Stadt". Zuweilen ist das Attribut allein determiniert, יוֹם הַשִּׁשִּׁי „der sechste Tag" (§ 61, 3); so besonders mittelhebr.: כְּנֶ֫סֶת הַגְּדוֹלָה „die große Versammlung". Anderseits kann das Attribut indeterminiert sein, בַּלַּ֫יְלָה הוּא (Gn. 19, 33, Sebir: בַּלַּ֫יְלָה הַהוּא; § 17, 3) „in jener Nacht"; ... הָרֹאשׁ אֶחָד וְהָ אֶ֫' „die eine Abteilung . . . und die andere Abteilung" (1 S. 13, 17f.).

b) Das adj. Attribut folgt einer Gen.-Verbindung: וַעֲטֶ֫רֶת זָהָב גְּדוֹלָה „und eine große Goldkrone" (Est. 8, 15).

c) Folgen auf ein F. mehrere Attribute, so ist bisweilen nur das zunächst stehende f.: וְרֹ֫וּחַ גְּדוֹלָה וְחָזָק „und ein großer und mächtiger Wind" (1 R. 19, 11). Bezieht sich das Attribut auf mehrere Wörter mit verschiedenem Genus, so dominiert das M.: חֻקִּים וּמִצְוֹת טוֹבִים „gute Gesetze und Gebote" (Neh. 9, 13). Bei drei Attributen braucht וְ „und" nur einmal zu stehen: סוּסִים אֲדֻמִּים שְׂרֻקִּים וּלְבָנִים „rotbraune, fuchsrote und weiße Rosse" (Sach. 1, 8).

---

[1] E. Kautzsch, Grammatik, § 132; GVG II, §§ 124—126, 129—132; HS, §§ 58—61.

d) Nach einem F. mit M.-Pl. steht das Attribut im F.: עָרִים גְּדֹלֹת וּבְצֻרֹת „große und befestigte Städte" (Dt. 9, 1).

e) Auf Du. folgt der Pl. des Adj.: עֵינַיִם עִוְרוֹת „blinde Augen" (Jes. 42, 7).

f) Kollektiva haben oft sinngemäß den Pl. nach sich: הַצֹּאן הַהֵנָּה „jenes Kleinvieh" (1 S. 17, 28).

g) Zum Pl. mit Sg.-Bedeutung vgl. אֱלֹהִים אֲחֵרִים „ein anderer Gott" oder „andere Götter" (Ex. 20, 3).

3. a) Beim Attribut in Form eines Subst., subst. Adj. und Part., eines Pronomens, Suffixes oder Adv., z. B. דְּמֵי חִנָּם „grundlos begangene Bluttaten" (1 R. 2, 31), entsteht eine Gen.-Verbindung[1]).

b) Eine Gen.-Verbindung ist determiniert[2]), wenn das Nomen rectum ein Eigenname ist, דְּבַר אַבְרָהָם „das Wort Abrahams", oder das Attribut in einem Personalsuffix besteht bzw. das Nomen rectum seinerseits durch ein Suffix determiniert ist: בֵּיתִי „mein Haus", בֵּית אָבִי „das Haus meines Vaters" (Gn. 28, 21); ferner bei Näherbestimmung durch den Artikel: דְּבַר הַנָּבִיא „das Wort des Propheten" (Jer. 28, 9), פְּרִי עֵץ־הַגָּן „die Früchte von den Bäumen des Gartens" (Gn. 3, 2).

c) Indetermination wird bei an sich determiniertem Nomen durch לְ als Ausdruck der Zugehörigkeit angedeutet: מִזְמוֹר לְדָוִד „ein Psalm Davids" (Ps. 3, 1), dagegen מִזְמוֹר דָּוִד „der Psalm Davids".

d) Das Subst. hängt mit seinem Gen.-Attribut so eng zusammen, daß zuweilen das Nomen rectum auch zum Träger des Numerus werden kann: בֵּית אָבֹת „Familien" (Ex. 6, 14), oder auch לֻחֹת אֲבָנִים (Ex. 34, 1) für לֻחֹת אֶבֶן „stei-

---

[1]) GVG II, §§ 136—144; HS, §§ 70—80.
[2]) E. Kautzsch, Grammatik, § 127.

nerne Tafeln". Auf den St. cstr. des Nomen regens kann ein Präfix oder eine anderweitige Partikel folgen. Eine Sprengung der Verbindung entsteht hierbei nicht, da infolge des nominalen Charakters der kleinsten Redeteile die Gen.-Verbindung nur verlängert wird: שִׂמְחַת בַּקָּצִיר „Erntefreude" (Jes. 9, 2). Zuweilen steht das Nomen regens im verstärkten adv. Akk. (§ 45, 3 c): בֵּ֫יתָה יוֹסֵף „in das Haus Josephs" (Gn. 43, 17); מִזְרְחָה־הַשָּׁ֫מֶשׁ „gegen Sonnenaufgang" (Jos. 12, 1); ebenso kann ugar. enklit. -mā an den St. cstr. treten[1]), dem hebr. מתני־ם קמיו *må₮nē-må qåmåw „die Lenden seiner Widersacher" (Dt. 33, 11) zu entsprechen scheint (§ 96, 1).

e) Von einem Beziehungswort hängt immer nur ein Gen.-Attribut ab; doch kann sich das Gen.-Verhältnis wiederholen: הַר־קָדְשֶׁךָ „dein heiliger Berg" (Ps. 43, 3), יְמֵי שְׁנֵי חַיֵּי אֲבֹתַי „die Tage der Lebensjahre meiner Väter" (Gn. 47, 9).

Beziehen sich zwei koordinierte Attribute auf ein Subst., so wird dieses meist wiederholt: אֱלֹהֵי הַשָּׁמַ֫יִם וֵאלֹהֵי הָאָ֫רֶץ „Gott des Himmels und der Erde" (Gn. 24, 3); seltener קֹנֵה שָׁמַ֫יִם וָאָ֫רֶץ „Schöpfer Himmels und der Erde" (Gn. 14,19).

Regieren zwei oder mehrere Substantive ein Attribut, so muß das zweite und jedes weitere Subst. mit einem auf das Attribut bezüglichen Suffix folgen: אֶל־תְּפִלַּת עַבְדְּךָ וְאֶל־תְּחִנָּתוֹ „zu dem Gebet und Flehen deines Knechtes" (1 R. 8, 28); dementsprechend beim Suffix: צֹאנְךָ וּבְקָרֶ֫ךָ „dein Groß- und Kleinvieh" (Jer. 5, 17).

f) Umschreibungen durch לְ[2]) stehen zuweilen statt einer Gen.-Verbindung: הַצֹּפִים לְשָׁאוּל (1 S. 14, 16) für צֹפֵי

---

[1]) C. H. Gordon, Textbook, § 11, 8.

[2]) E. Kautzsch, Grammatik, § 129.

שָׁאוּל „die Späher Sauls". Abgesehen von der Indetermination (s. u. c) steht לְ, wenn ein Attribut an eine besonders enge Gen.-Verbindung tritt; z. B. חֶלְקַת הַשָּׂדֶה לְבֹעַז „das Ackerstück des Boas" (Ru. 2, 3), סֵפֶר דִּבְרֵי הַיָּמִים לְמַלְכֵי יִשְׂרָאֵל „die Chronik der Könige von Israel" (1 R. 14, 19); ferner dort, wo das Nomen regens, z. B. als Eigenname, keinen St. cstr. bildet: מַעְבְּרוֹת הַיַּרְדֵּן לְמוֹאָב „die Jordanfurten Moabs" (Jdc. 3, 28). Daneben aus Stilgründen עַל־שִׁלֵּשִׁים וְעַל־רִבֵּעִים לְשֹׂנְאָי „wider die Enkel und Urenkel derer, die mich hassen" (Ex. 20, 5), sowie bei Zeitangaben wie בְּאֶחָד לַחֹדֶשׁ „am Ersten des Monats" (Gn. 8, 5; § 61, 4) oder בִּשְׁנַת שְׁתַּיִם לְדָרְיָוֶשׁ „im zweiten Jahre des Darius" (Hag. 1, 1).

Das Besitz- und Urheberrecht wird mitunter durch אֲשֶׁר לְ umschrieben: הַצֹּאן אֲשֶׁר לְאָבִיהָ „das Kleinvieh ihres Vaters" (Gn. 29, 9), שִׁיר הַשִּׁירִים אֲשֶׁר לִשְׁלֹמֹה „das Hohelied Salomos" (Cant. 1, 1).

g) Wie etwa im Akkad., Ugar. und Arab., so begegnet auch im AT einmal archaisch die attributive Verbindung zwischen Demonstrativpronomen als Regens und Subst. als Rectum: יְהֹוָה זֶה סִינַי „Jahwe, der vom Sinai" (Jdc. 5, 5); vgl. z. B. ugar. d'lmk = *dū-ʿālamikā „der deiner Ewigkeit" = „ewig der Deine"[1]).

h) Zum Adj. nach Gen.-Verbindungen s. u. 2 b.

i) Zur Gen.-Verbindung zwischen Subst. und abhängigem Satz vgl. § 115.

4. Anders als in den indogerm. Sprachen wird im Hebr., wie auch gemeinsem., das Attribut außerordentlich vielseitig verwendet.

---

[1]) Vgl. HS, § 75 (Lit.); C. H. Gordon, Textbook, § 13, 71.

a) Der Gen. objectivus liegt vor in זַעֲקַת סְדֹם „das Geschrei über Sodom" (Gn. 18, 20), דֶּרֶךְ עֵץ הַחַיִּים „der Weg
zum Baume des Lebens" (Gn. 3, 24), חֲמַס אָחִיךָ „der an
deinem Bruder verübte Frevel" (Ob. 10).

b) Der Gen. partitivus begegnet z. B. in אַחַד הָעָם „einer
aus dem Volke" (Gn. 26, 10), beim Superlativ (§ 98, 3b) und
nach Maßangaben wie מִבְחַר „Auslese", מְעַט „Wenigkeit"
und besonders כֹּל „Gesamtheit": כָּל־הָאֲנָשִׁים „alle Männer"
(Neh. 11, 2); zu indefinitem אִישׁ „jeder Mann" bzw.
„jedermann" s. § 31, 4c. Daneben kann die Maßangabe
wegfallen und das partitive Verhältnis durch scheinbar
selbständiges מִן „von" ausgedrückt werden: מִזִּקְנֵי יִשְׂרָאֵל
„[einige] von den Ältesten Israels" (Ex. 17, 5), מִדַּם הַחַטָּאת
„[etwas] von dem Blute des Sühnopfers" (Lv. 5, 9).
Ein Stück altwestsem. Erbgutes dürfte nach Ausweis des
Ugar.[1]) in dem partitiven Gebrauch der von Haus aus dop-
pelsinnigen Präposition בְּ „in, von" (§ 87, 2) vorliegen:
לַחֲמוּ בְלַחֲמִי וּשְׁתוּ בְּיַיִן מָסָכְתִּי „eßt von meinem Brote und
trinkt vom Wein, den ich gemischt habe!" (Prv. 9, 5).
Partitiv werden בֵּן „Sohn", בַּת „Tochter" gebraucht:
בָּקָר „Großvieh" — בֶּן־בָּקָר „ein Stück Vieh" (Gn. 18, 7),
הַשִּׁיר „der Gesang" — בְּנוֹת הַשִּׁיר „die Töne" (Qoh. 12, 4);
ferner, wenn sie die Zugehörigkeit zu einer Gruppe ausdrücken, בֶּן־נָבִיא „Angehöriger einer Prophetenzunft"
(Am. 7, 14).

c) Im sogenannten Gen. epexegeticus kann ein Subst. in
verschiedener Weise näher bestimmt werden, so in bezug auf
den Namen: אֶרֶץ כְּנַעַן „das Land Kanaan" (Gn. 45, 25;
s. § 41, 3), בְּתוּלַת יִשְׂרָאֵל „Jungfrau Israel" (Jer. 18, 13);

---

[1]) C. H. Gordon, Textbook, § 10, 5.

zwecks Spezifikation: תְּאֵנֵי הַבַּכֻּרוֹת „die Frühfeigen"
(Jer. 24, 2), zur Maßangabe: מְתֵי מִסְפָּר „Leute von [ge-
ringer] Anzahl", d. h. „wenig Leute" (Gn. 34, 30). Da adj.
Stoffangaben wie „eisern" fast ganz fehlen, bedient man sich
des entsprechenden Gen.-Attributes, שֵׁבֶט בַּרְזֶל „eisernes
Szepter" (Ps. 2, 9), weiterhin auch sonst zum Ausdruck von
Eigenschaften[1]): אֲחֻזַּת עוֹלָם „ewiger Besitz" (Gn. 48, 4).
Hierher gehören schließlich Verbindungen mit אִישׁ „Mann",
בֵּן „Sohn", בַּעַל „Besitzer"; so etwa אִישׁ מִלְחָמָה „Krie-
ger" (Ex. 15, 3), בֶּן־שָׁנָה „einjährig" (Ex. 12, 5), בַּעַל
הַחֲלֹמוֹת „der Träumer" (Gn. 37, 19), בַּעַל מוּם* „fehlerhaft"[2]),
P. בֶּן־שָׁמֶן „fett" (Jes. 5, 1). Weiterhin gibt der Gen. den
Zweck an: צֹאן טִבְחָה „Schlachtschafe" (Ps. 44, 23).

5. Vielfach steht das Attribut im Anschluß an ein Adj.
beziehungsweise Part. anstelle eines adv. Akk.; z. B. נְקִי
כַפַּיִם „rein an Händen" (Ps. 24, 4), יְפֵה־תֹאַר „schön von
Gestalt" (Gn. 39, 6), אֶרֶץ זָבַת חָלָב וּדְבָשׁ „ein Land, das
von Milch und Honig fließt" (Dt. 26, 9).

6. Zuweilen kann das Adj. wie ein Subst. im Gen. an sein
Beziehungswort treten: אֵשֶׁת רָע „ein böses Weib" (Prv.
6, 24), צִיצַת נֹבֵל „eine welkende Blume" (Jes. 28, 4).

§ 98. Die Apposition

1. a) Die Apposition[3]) ist die Näherbestimmung eines
Subst. oder Personalpronomens durch ein im gleichen Kasus

---

[1]) Vgl. hierzu J. Weingreen, The Construct-Genitive Relation
in Hebrew Syntax. VT 4 (1954), 50—59.

[2]) Nur mittelhebr. belegt.

[3]) E. Kautzsch, Grammatik, § 131; ferner GVG II, §§ 136 bis
144; HS, §§ 62—69.

stehendes zweites Nomen, das meist nachsteht: אִשָּׁה נְבִיאָה
„eine Prophetin" (Jdc. 4, 4), וִיהוֹשֻׁעַ מְשָׁרְתוֹ „und sein
Diener Josua" (Ex. 24, 13), seltener vorangeht; so vor allem
bei Eigennamen: אָחִי בִנְיָמִין „mein Bruder Benjamin"
(Gn. 45, 12) und in der Regel bei Titeln: הַמֶּלֶךְ דָּוִד „der
König David" (1 R. 1, 1); doch auch דָּוִד הַמֶּלֶךְ (2 S. 13, 39).

Sie richtet sich nicht nur in der Determination, sondern
zuweilen auch in der Suffigierung und im Präpositionalgebrauch nach dem Beziehungswort: עַמִּי בְחִירִי „mein
Volk, mein Auserwählter" = „mein auserwähltes Volk"
(Jes. 43, 20); עַל־עַמִּי עַל־יִשְׂרָאֵל „über mein Volk Israel"
(2 S. 7, 8) neben בִּירוּשָׁלַם הָעִיר „in der Stadt Jerusalem"
(2 Chr. 12, 13); vgl. ferner אֶת־אָחִיו אֶת־הֶבֶל „seinen
Bruder Abel" (Gn. 4, 2) neben אֶת־בִּנְךָ בְּכֹרֶךָ „deinen erst-
geborenen Sohn" (Ex. 4, 23).

b) Dieselbe kann enthalten den Namen einer Person oder
Sache: הַנָּהָר פְּרָת „der Euphratfluß" (1 Chr. 5, 9), die
Spezifikation: אִשָּׁה־אַלְמָנָה „eine Witwe" (2 S. 14, 5),
eine Eigenschaft: דְּבָרִים נִחֻמִים „Worte des Trostes"
(Sach. 1, 13), שֹׂנְאַי חִנָּם „die mich grundlos Hassenden"
(Ps. 35, 19), אֵילִים צֶמֶר „ungeschorene Widder, Woll-
schafe" (2 R. 3, 4), den Stoff: מְצִלְתַּיִם נְחֹשֶׁת „eherne
Becken" (1 Chr. 15, 19), den Inhalt eines Maßes oder die
Teile eines Ganzen: שְׁנָתַיִם יָמִים „zwei Jahre Zeit" (Gn. 41,
1), vgl. § 99, 2 b; umgekehrt auch eine Maßangabe: אֲנָשִׁים
מְעַט „wenig Männer" (Neh. 2, 12).

2. Synt. und stilistisch bedeutsam ist der Gebrauch der
Apposition zwecks Verdeutlichung, Einschränkung und Be-

richtigung[1]); vgl. deutsches „nämlich", „das heißt", „vielmehr": מַה־נַּעֲשֶׂה לָהֶם לַנּוֹתָרִים לְנָשִׁים „wie können wir ihnen, nämlich den Übriggebliebenen, zu Frauen verhelfen?" (Jdc. 21, 7); שִׁתֵמוֹ גְדִיבֵמוֹ כְּעֹרֵב וְכִזְאֵב „mache sie, vielmehr ihre Fürsten, wie Oreb und Seeb" (Ps. 83, 12), אַיּוֹ מֶלֶךְ־חֲמָת „wo ist er, der König von Hamath?" = „wo ist denn der König von Hamath?" (2 R. 19,13), אַיֵּה יְהוָה אֱלֹהֶיךָ „wo ist denn Jahwe, dein Gott?" (Mi. 7,10); mit Verstärkung אַיָּם אֵפוֹא חֲכָמֶיךָ „wo sind sie denn, deine Weisen?" (Jes. 19, 12).

3. Wie das Ugar.[2]) kennt auch das Hebr. keine besonderen Formen für Komparativ, Superlativ und Elativ[3]).

a) Beim Komparativ (arab. 'ákbaru min „größer als") steht מִן „von" als Ausdruck für einen qualitativen oder quantitativen Unterschied[4]) nach dem Adj.: גָּדוֹל מִן „größer als", מַה־מָּתוֹק מִדְּבַשׁ וּמֶה עַז מֵאֲרִי „was ist süßer als Honig und stärker als ein Löwe?" (Jdc. 14, 18). Auch statische bzw. Zustandsverben können, entsprechend ihrem nominalen Charakter, komparativisch gebraucht werden: וַיִּגְבַּהּ מִכָּל־הָעָם „und er war größer als alles Volk" (1 S. 10, 23), קָטֹנְתִּי מִן „ich bin zu gering für" (Gn. 32, 11). Formen wie „größer ... kleiner" werden durch den Artikel ausgedrückt: הַגָּדוֹל ... הַקָּטֹן.

b) Der Superlativ (arab. al-'ákbaru „der größte") wird entweder durch den Artikel, הַקָּטֹן „der jüngste", oder durch den Gen. partitivus angedeutet: קְטֹן בָּנָיו „der jüngste

---

[1]) Zuweilen, jedoch keineswegs immer, können derartige Appositionen auch Glossen im Text sein.
[2]) C. H. Gordon, Textbook, § 8, 73.
[3]) E. Kautzsch, Grammatik, § 133.
[4]) GVG II, § 251i; HS, § 111g.

seiner Söhne" (2 Ch. 21, 17), טוֹבָם „der beste von ihnen"
(Mi. 7, 4). Daneben wird auch hier מִן gebraucht: הַטּוֹב
וְהַיָּשָׁר מִבְּנֵי אֲדֹנֵיכֶם „den besten und tüchtigsten von den
Söhnen eures Herrn" (2 R. 10, 3).

c) Der Elativ (arab. ʾákbaru „sehr groß") lautet טוֹב מְאֹד
„sehr gut".

§ 99. Der Gebrauch der Zahlwörter

1. Die Grundzahlen[1]) für „1" und „2" treten als adj.
Attribute (§ 97, 2) zum Gezählten[2]): אִישׁ־אֶחָד „ein Mann"
(Gn. 42, 11), P. שְׁנַיִם יָמִים „zwei Tage" (2 S. 1, 1), שְׁנַיִם
אֲנָשִׁים „zwei Männer" (1 R. 21, 10). Daneben regieren sie
subst. den Gen. partitivus (§ 97, 4c): כְּאַחַד מִמֶּנּוּ „wie einer
von uns" (Gn. 3, 22), אַחַד הָעָם „einer aus dem Volke"
(Gn. 26, 10), שְׁנֵי בָנִים „zwei Söhne" (Gn. 10, 25), שְׁנֵיהֶם
„sie beide" (Gn. 2, 25); vgl. ugar. ṯn yrḫm = *ṯinā yarḫāmi
„zwei Monate" (§ 43, 2a).

2. a) Die Zahlen „3" bis „10" sind primär subst. und regieren den Gen. partitivus Pl. unter Disgruenz im Genus
zwischen Zahl und Gezähltem: שְׁלֹשֶׁת יָמִים „drei Tage"
(Gn. 30, 36), שָׁלֹשׁ סְאִים „drei Sea" (Gn. 18, 6). Abweichend
gebraucht das Ugar. noch das M. für beide Genera[3]).

b) Ferner kann das Gezählte appositionell als Inhalt dem
Maße folgen (§ 98, 1b): שְׁלֹשָׁה בָנִים „drei Söhne" (Gn. 6,
10), שָׁלֹשׁ שָׁנִים „drei Jahre" (Gn. 11, 13).

c) Vornehmlich bei Aufzählungen steht öfter die Zahl
appositionell nach: בָּנוֹת שָׁלוֹשׁ „drei Töchter" (1 Chr. 25, 5).

---

[1]) E. Kautzsch, Grammatik, § 134.
[2]) GVG II, § 189; C. H. Gordon, Textbook, § 7, 7—9.
[3]) GVG II, § 190; C. H. Gordon, Textbook, § 7, 10—18.

3. a) Die Zahlen „11" bis „19" haben meist den Pl. der Apposition nach sich[1]): שְׁתֵּים־עֶשְׂרֵה אֲבָנִים „zwölf Steine" (F.; Jos. 4, 3) und אַחַד עָשָׂר כּוֹכָבִים „elf Sterne" (M.; Gn. 37, 9). Daneben kann auch die Zahl Apposition sein: שִׁבְטֵי יִשְׂרָאֵל שְׁנֵים עָשָׂר „die zwölf Stämme Israels" (Gn. 49, 28).

b) Das Ugar. hat häufig, wenn auch nicht so regelmäßig wie im Arab., nach Zahlen über „10" den Akk. Sg. der Beziehung; so auch das Hebr. bei oft gezählten Begriffen wie יוֹם „Tag", שָׁנָה „Jahr", אִישׁ „Mann", נֶפֶשׁ „Person", שֵׁבֶט „Stamm", מַצֵּבָה „Steinmal", zuweilen bei אַמָּה „Elle", חֹדֶשׁ „Monat" u. a. m.: חֲמֵשׁ עֶשְׂרֵה שָׁנָה „fünfzehn Jahre" (Gn. 5, 10).

4. Die Zehner „20" bis „90" haben entweder den Sg. (s. u. 3b) oder den Pl. der Apposition nach sich: שְׁלֹשִׁים אִישׁ „dreißig Mann" (Jdc. 14, 19), חֲמִשִּׁים צַדִּיקִם „fünfzig Gerechte" (Gn. 18, 24). Folgt die Zahl als Apposition, steht das Gezählte stets im Plural: אַמּוֹת עֶשְׂרִים „zwanzig Ellen" (2 Chr. 3, 3).

5. Bei Zusammensetzungen aus Zehnern und Einern steht das Gezählte entweder im Akk. Sg. nach oder im Pl. voran: הַשִּׁבְעִים שִׁשִּׁים „85 Mann" (1 S. 22, 18), שְׁנַיִם וַחֲמִשָּׁה אִישׁ שְׁלֹנִים „85 Mann" (1 S. 22, 18), וּשְׁנָיִם „die 62 Wochen" (Da. 9, 26). Auch kann das Gezählte nach jeder Ziffer wiederholt werden: תִּשְׁעִים שָׁנָה וְתֵשַׁע שָׁנִים „99 Jahre" (Gn. 17, 1).

6. Nach מֵאָה „100", אֶלֶף „1000" steht das Gezählte entweder im Sg., so אִישׁ „Mann", אֶלֶף „Rind", אַמָּה „Elle", יוֹם „Tag", רַגְלִי „Fußgänger", צֶמֶד „Joch", meistens auch שָׁנָה „Jahr", כִּכָּר „Talent", שֶׁקֶל „Sekel", oder Pl.: מֵאָה

---

[1]) GVG II, § 191; C. H. Gordon, Textbook, § 7, 19.

אַמָּה „100 Ellen", עֲשֶׂרֶת אֲלָפִים רַגְלִי „10000 Fußsol-
daten" (2 R. 13, 7) und מֵאָה נְבִאִים „100 Propheten" (1
R. 18, 4); ferner im St. cstr.: מְאַת כִּכָּר „100 Talente"
(Ex. 38, 25) neben מְאַת אֲדָנִים „100 Füße" (Ex. 38, 27).

7. Wenn der Zusammenhang es erlaubt, werden geläufige
Maßbegriffe wie יוֹם „Tag", שֶׁקֶל „Sekel" gern weggelassen,
z. B. עֲשָׂרָה זָהָב „10 Goldsekel" (Gn. 24, 22).

8. Determination von Grundzahlen durch den Artikel
unterbleibt, wenn das Gezählte determiniert ist und zwischen
beiden ein appositionelles Verhältnis besteht: שְׁלוֹשָׁה בְּנֵי
הָעֲנָק „die drei Söhne Enaks" (Jos. 15, 14), הַמְּכֹנוֹת עֶשֶׂר
„die 10 Gestelle" (1 R. 7, 27). Sie erfolgt nach § 96, 4a bei
vorhergehender Einführung: הַחֲמִשָּׁה „die [bereits erwähn-
ten] fünf" (Gn. 14, 9).

9. Die adj. Ordnungszahl von „1" bis „10" wird synt.
nach § 97, 2 behandelt, die subst. Bruchzahl nach § 97, 3.
Weiteres s. § 60 und § 61.

3. Syntax des Verbums

§ 100. Der Gebrauch der Präformativkonjugation

1. a) Zum Verständnis der anerkanntermaßen problema-
tischen Syntax des hebr. Verbums bedarf es im Anschluß an
§§ 3, 2d; 4, 3c und 62, 2 einer kurzen Vorüberlegung[1]). Das
westsem. Verbalsystem kennt von Haus aus keine Tempora
im Sinne objektiver Zeitstufen; lediglich in dem altertüm-
lichen Prät./Juss. *yaqtul stellt sich, soweit erzählend gebraucht, ein echtes Tempus der Vergangenheit dar, das sich

---

[1]) Vgl. hierzu R. Meyer, Zur Geschichte des hebr. Verbums.
Forschungen und Fortschritte 40 (1966), 241—243.

im Laufe der sprachgeschichtlichen Entwicklung durch eine bemerkenswerte Beständigkeit auszeichnet. Im übrigen aber gilt, daß die verbale Syntax auf aspektualer Grundlage beruht[1]). Hierbei unterscheidet man einen konstativen Aspekt, in dem eine Handlung oder ein Vorgang einfach festgestellt werden, und einen kursiven Aspekt, der den Ablauf einer Handlung schildert. Nach § 3, 2 d bezeichnen wir ersteren als Punktual, letzteren dagegen als Durativ.

Beide Aspekte stehen sich im Altkan. ursprünglich innerhalb der fientischen Präformativkonjugation gegenüber, wobei der Narr. *yaqtulu vorwiegend als Punktual, der Durativ *yaqattalu aber, wie wir meinen, als kursiver Aspekt fungiert. Erst mit dem Eindringen von sekundär fientischem *qatala in das präformative System bildet sich das jungwestsem. Schema heraus, wobei afformatives *qatala weithin die präteritalen Funktionen von *yaqtul sowie vom Narr. *yaqtulu übernimmt. Hierdurch wird der Narr. weitgehend zum Präs./Fut. reduziert und damit zum Durativ, während das ursprünglich kursive *yaqattalu morphologisch verschwindet oder sekundär im Intensiv aufgeht.

Damit ist jenes Schema erreicht, das für das Hebr. wie für alle jungwestsem. Idiome maßgebend geworden ist und in dem sich nunmehr — auf das Hebr. bezogen — *qatala > qåṭal als Punktual und *yaqtulu > yiqṭol als Durativ einander gegenüberstehen (§ 4, 3 c). Weil es sich hierbei aber um ein sekundäres System handelt, darf es nicht wundernehmen, wenn sich sowohl innerhalb des hebr. Imperf. als auch des Perf. noch Reste älterer Funktionen erhalten haben,

---

[1]) Vgl. R. Meyer, Aspekt und Tempus im althebr. Verbalsystem. OLZ 59 (1964), 117—126, in Auseinandersetzung mit F. Rundgren, Das althebr. Verbum. Abriß der Aspektlehre (Stockholm-Göteborg-Uppsala 1961); ferner S. Segert, Aspekte des althebr. Aspektsystems. Archiv Orientální 33 (Prag 1965), 93—104.

die dem altwestsem. Substrat zuzurechnen sind. So ergibt
sich, daß weder das Imperf. schlechthin als kursiver Aspekt
oder Durativ noch das Perf. grundsätzlich als konstativer
Aspekt oder Punktual anzusprechen sind[1]); in beiden Kon-
jugationen schwingt synt. vielmehr eine lange, ins Altsem.
reichende Vorgeschichte nach[2]).

b) Einen guten Einblick in diese Vorgeschichte vermittelt
das ugar. Verbalsystem, so wie es uns in den epischen Texten
entgegentritt[3]). Hier ist die Präformativkonjugation einerseits noch modal voll ausgeprägt, abgesehen davon, daß der
Durativ *yaqattalu nur vermutet werden kann (§ 3, 2 d),
anderseits macht sich der Einbruch der ursprünglich statischen Afformativkonjugation in sekundär fientischer Funktion, wie sie in den Prosatexten offensichtlich schon voll
entwickelt ist, bemerkbar (§ 101, 1). So ergibt sich folgendes
Bild: Der Narr. *yaqtulu ist der normale Erzählungsmodus,
um eine Handlung oder einen Vorgang auszudrücken[4]); vgl.
tšqy = *tašqiyu „sie trinkt", „sie trank", darüber hinaus
auch „sie hatte getrunken". Hiermit konkurriert das Prät./
Juss. mit und ohne Waw cons.: wyʻn = *wayaʻnī „und er
antwortete", ʼd šbʻt šnt ybk = *ʻadē šabʻati šanāti yabkī
„sieben Jahre lang weinte er". Ebenso wird öfter der Energ.
verwendet; so steht etwa tmǧyn = tamǧiyan(nā) „sie kam"
im gleichen Satz neben erzählendem *yaqtul. Der Fin. kann

---

[1]) Anders, doch infolge zu starker Vereinfachung schwerlich mit
Recht, HS, § 40 (Lit.).

[2]) Dementsprechend ist m. E. D. Michel, Tempora und Satzstellung, § 37 zu ergänzen; auf jeden Fall bedarf H. W. Kuhn,
Enderwartung und gegenwärtiges Heil. StUNT 4 (Göttingen 1966),
20f. der Korrektur, wenn er schlechthin behauptet, im Perf. liege
die „Wiedergabe einer selbstgewichtigen, absoluten, die Faktizität
... betonenden Handlung" vor, im Imperf. dagegen sei die Beschreibung eines „relativen" Vorganges zu sehen.

[3]) Zum Folgenden vgl. C. Brockelmann, Zur Syntax der
Sprache von Ugarit. Orientalia 10 (1941), 230.

[4]) C. H. Gordon, Textbook, § 9, 4.

auch als Koh. gebraucht werden: *'iqr'a* = *'iqra'a* „ich will
rufen". Als Modus der Subordination, wie im Arab., steht er
vielleicht in finalen Verbindungen wie *wttb trḥṣ* = **waṭaṭub
tirḥaṣa* „und sie kehrt(e) zurück, um zu waschen"[1]). Das
Prät./Juss. dient, wie schon sein sprachgeschichtlich be-
dingter Doppelname besagt, auch als Juss., verneint als
Proh.: *b'lm ymlk* = **ba'lumā yamluk* „Baal herrsche!",
'al tšmḥ = **'al tišmaḥ* „freue dich nicht!". Der Energ. fungiert als Koh.: *'iqra'n* = **'iqra'an(nā)* „ich will anrufen",
ferner vor Suffixen: *wtqbrnh* = **wataqburanhū* (§ 24, 2 b)
„und sie begräbt ihn", sowie als Erzählungsmodus: *bth
ymġyn* = **bētahū yamġiyan(nā)* „er begab sich in sein Haus".

2. a) Das hebr. Imperf.[2]), das in den Endungen in der
Regel dem alten Prät./Juss. entspricht (§ 63, 4 a), stellt
synt. die Fortsetzung des vorhebr. bereits reduzierten Narr.
dar; es wird also vornehmlich als Durativ gebraucht. Außerdem hat es weitgehend die Funktionen des Fin. übernommen.

b) Das Imperf. ist somit als ein Aspekt anzusehen, der
nur relative Zeitstufen, u. zw. in den meisten Fällen der
Gleich- und Nachzeitigkeit enthält. So ist aus einfachem
יֵלֵךְ nicht erkennbar, ob man es mit „er geht" oder mit „er
wird gehen" zu übersetzen hat; das Tempus ergibt sich vielmehr erst aus dem Zusammenhange: לָמָה תַעֲמֹד בַּחוּץ
„warum stehst du noch draußen?" (Gn. 24, 31), מָחָר יַעֲשֶׂה
„morgen wird er tun" (Ex. 9, 5), בְּטֶרֶם אָמוּת „bevor ich
sterbe" (Gn. 27, 4).

Das Imperf. fungiert jedoch nicht nur als Präs./Fut., sondern es wird auch zur Schilderung von Handlungen und
Vorgängen benutzt, die sowohl in der Gegenwart als auch in
der Vergangenheit begonnen sein und auf der jeweils voraus-

---

[1]) Vgl. C. H. Gordon, Ugaritic Handbook (1947), 61, Anm. 2.
[2]) G. Bergsträßer, Grammatik II, § 8; F. R. Blake, A Resurvey of Hebrew Tenses (Rom 1951), §§ 5—7; HS, § 42.

gesetzten Zeitstufe noch andauern können: וּבֵיתוֹ אֲשֶׁר־יָשַׁב
שָׁם ... כְּמַעֲשֵׂה הַזֶּה הָיָה „und sein Palast, in dem er wohnte,
... war von der gleichen Bauart" (1 R. 7, 8); וַיָּבֹא חוּשַׁי
הָעִיר וְאַבְשָׁלֹם יָבֹא יְרוּשָׁלִָם ... „und Husai ... betrat die
Stadt, während Absalom in Jerusalem einzog" (2 S. 15, 37);
וְכָל־עֵשֶׂב הַשָּׂדֶה טֶרֶם יִצְמָח „und noch keinerlei Kraut
des Feldes war aufgegangen" (Gn. 2, 5). Zur Funktion der
Nachzeitigkeit vgl. לִרְאוֹת מַה־יִּקְרָא־לוֹ „um zu sehen,
wie er es nennen würde" (Gn. 2, 19). Dementsprechend steht
das Imperf. bei der Beschreibung von Wiederholungen und
Gewohnheiten: לֹא־יֵעָשֶׂה כֵן בְּיִשְׂרָאֵל „so tut man nicht in
Israel" (2 S. 13, 12); כִּי כֵן תִּלְבַּשְׁןָ „denn so pflegten sie sich
zu kleiden" (2 S. 13, 18); אִישׁ הַיָּשָׁר בְּעֵינָיו יַעֲשֶׂה „ein jeder
tat, was ihn recht dünkte" (Jdc. 17, 6).

c) Darüber hinaus ist das Imperf. auch modal abgestuft;
es steht als Potentialis für deutsches „können", „dürfen",
„mögen", „müssen" und auch „wollen": אָכֹל תֹּאכֵל „du
darfst essen" (Gn. 2, 16), מִי יֹאמַר „wer möchte sagen?"
(2 S. 16, 10). Ebenso hat es finale (§ 117), zuweilen auch
Imp.- und Proh.-Bedeutung (s. u. 4e).

d) Als altwestsem. Erbe darf wohl angesehen werden,
wenn das Imperf., wie der altkan. Narr., als Prät. punktuell
fungiert: יֹאבַד יוֹם אִוָּלֶד בּוֹ „es gehe unter der Tag, an dem
ich geboren wurde!" (Hi. 3, 3); so auch nach אָז „damals":
אָז יָשִׁיר־מֹשֶׁה „damals sang Mose" (Ex. 15, 1) neben Perf.
אָז בָּנָה אֶת־הַמִּלּוֹא „damals baute er den Millo" (1 R. 9,
24). Auch folgt Imperf. auf טֶרֶם „noch nicht" (s. u. b): וְכֹל
שִׂיחַ הַשָּׂדֶה טֶרֶם יִהְיֶה בָאָרֶץ „es gab aber noch keinerlei
Gesträuch der Steppe auf Erden" (Gn. 2, 5); טֶרֶם יִשְׁכָּבוּ
„sie hatten sich noch nicht schlafen gelegt" (Gn. 19, 4).

Q hat dieses Prät. öfter für Imperf. cons. in MT; z. B. וישה
*wayáśē < *wayá‘śē¹) für tib. וַיַּעַשׂ „und er machte" (Jes.
5, 4); vgl. § 63, 5c. Vereinzelt steht dieses präterital fun-
gierende Imperf., von manchen als Präs. historicum bezeichnet, neben dem Imperf. cons.: אֲדַבֵּר אֶל־נָבוֹת... וָאֹמַר
„ich redete mit Nabot ... und sprach" (1 R. 21, 6).

3. a) Das altkan. Prät./Juss. hat sich althebr. in Gestalt
von präterital gebrauchtem *wayaqtul > wayyiqṭol als Imperf. cons.²) zum häufigsten Erzählungsmodus entwickelt.
Im Ugar. fließen nicht nur die Grenzen zwischen Narr. und
Prät./Juss. mit oder ohne Waw, sondern es gibt auch keine
feste Reihenfolge dort, wo daneben das erzählende Perf.
(§ 101, 3a) erscheint³). Anders im Hebr.; hier setzt das
Imperf. cons. gewöhnlich ein präterital fungierendes
Perf. oder ein Imperf. cons. voraus: בַּיָּמִים הָהֵם חָלָה
הִזְקִיָּהוּ לָמוּת וַיָּבֹא אֵלָיו יְשַׁעְיָהוּ „in jenen Tagen erkrankte
Hiskia zu Tode, da kam Jesaja zu ihm" (2 R. 20, 1), וַיֵּלֶךְ
אִישׁ מִבֵּית לֵוִי וַיִּקַּח „ein Mann aus dem Hause Levi ging hin
und nahm" (Ex. 2, 1). Tritt zwischen die Kopula und das
Verbum ein Wort, so steht das Perf. statt des Imperf. cons.:
וַיְשַׁלַּח אֶת־הַיּוֹנָה ... וְלֹא־מָצְאָה הַיּוֹנָה מָנוֹחַ לְכַף־רַגְלָהּ „und
er schickte eine Taube aus ..., doch sie fand keinen Ru-
heplatz für ihre Füße" (Gn. 8, 8f.).

b) Das Imperf. cons. steht am Periodenanfang, gleichgültig, ob es sich um einen einfachen Satz, um den Beginn
eines Erzählungsabschnittes oder um einen Buchanfang
handelt; zu letzterem vgl. וַיְדַבֵּר יְהוָה אֶל־מֹשֶׁה בְּמִדְבַּר סִינַי

---

¹) Vgl. R. Meyer, Der gegenwärtige Stand der Erforschung der
in Palästina neu gefundenen hebräischen Handschriften. 14. Zur
Sprache von ‘Ain Feschcha. ThLZ 75 (1950), 725.
²) G. Bergsträßer, Grammatik II, § 8; E. Kautzsch,
Grammatik, § 111.　　　³) C. H. Gordon, Textbook, § 9, 4.

„Jahwe sprach zu Mose in der Wüste Sinai" (Nu. 1, 1). Auch begegnet es in der Redefolge bei Wechsel der Zeitstufe: אֲחֹתִי בַת־אָבִי הוא אַךְ לֹא בַת־אִמִּי וַתְּהִי־לִי לְאִשָּׁה „sie ist meine Schwester väterlicherseits, nur nicht mütterlicherseits; so ist sie meine Frau geworden" (Gn. 20, 12).

Sehr häufig werden erzählende Satzgefüge, aber auch größere Abschnitte und auch ganze Bücher durch das Imperf. cons. וַיְהִי „und es geschah" eingeleitet. Hierbei handelt es sich wahrscheinlich um eine erstarrte Formel, die dazu dient, das Folgende als präterital auszuweisen, und die ihr Gegenstück in וְהָיָה „und es wird sein" (§ 101, 6 c) hat. Im Anschluß an G (καὶ ἐγένετο) pflegt man sie in der Regel zu übersetzen; synt. richtiger wäre es wohl, sie unübersetzt zu lassen: וַיְהִי בַּלַּיְלָה הַהוּא וַיֵּצֵא מַלְאַךְ יְהוָה וַיַּךְ בְּמַחֲנֵה אַשּׁוּר „in jener Nacht ging der Engel Jahwes aus und schlug das Heerlager der Assyrer" (2 R. 19, 35), וַיְהִי כִּי־חָזַק יִשְׂרָאֵל וַיָּשֶׂם . . . לָמַס „als aber Israel erstarkte, machte es . . . fronpflichtig" (Jdc. 1, 28); zum Buchanfang vgl. וַיְהִי בִּימֵי אֲחַשְׁוֵרוֹשׁ „in den Tagen Ahasvers" (Est. 1, 1). Von diesem Sprachgebrauch ist natürlich die volle Funktion von וַיְהִי in Sätzen wie וַיְהִי־אִישׁ מֵהַר־אֶפְרָיִם „es war ein Mann vom Gebirge Ephraim" (Jdc. 17, 1) zu unterscheiden.

c) Dem Imperf. cons. können Zeitbestimmungen vorangehen: בִּשְׁנַת־מוֹת הַמֶּלֶךְ עֻזִּיָּהוּ וָאֶרְאֶה „im Todesjahre des Königs Ussia schaute ich" (Jes. 6, 1); ferner Nominalsätze wie: חָתֻם בִּצְרוֹר פִּשְׁעִי וַתִּטְפֹּל עַל־עֲוֹנִי „versiegelt ist meine Schuld im Beutel, und du hast meine Sünde verklebt" (Hi. 14, 17), מִי־אֵפוֹא הוא הַצָּד־צַיִד וַיָּבֵא לִי „wer ist der, der Wild gejagt und [es] mir gebracht hat?" (Gn. 27,

33); oder ein Inf. mit Prät.-Bedeutung: ... בַּעֲלֹתִי הָהָרָה‎ וָאֵשֵׁב‎ „nachdem ich den Berg bestiegen hatte, ... verweilte ich" (Dt. 9, 9).

d) Im jüngeren Althebr. tritt das Imperf. cons. stark zurück, doch zeigt es ein breites Nachleben in den offenbar archaisierenden nichtbiblischen Texten von Q; z. B. והואה‎ ברא אנוש ... וישם לו שתי רוחות‎ „und er schuf den Menschen ... und setzte ihm zwei Geister" (1 Q S 3, 17f.). Im Mittelhebr. ist es zugunsten des einfachen, präterital fungierenden Perf. cop. ausgestorben; vgl. hierzu § 101, 7b. Auf mas. Fehlrestitution mag nicht ganz seltener Präs./Fut.-Gebrauch des Imperf. cons. zurückgehen, z. B. in הָאֵל‎ הַמְאַזְּרֵנִי חָיִל וַיִּתֵּן תָּמִים דַּרְכִּי‎ „der Gott, der mich mit Stärke gürtet und meinen Weg macht ohne Anstoß"; vgl. Sek. ουιεθθεν = ‏*וְיִתֵּן‎ für tib. וַיִּתֵּן‎ (Ps. 18, 33).

e) Obwohl das Hervortreten des präterital fungierenden Perf. cop. und die damit verbundene Verdrängung des Imperf. cons. als ein Zeichen der jüngeren Sprachstufe anzusehen ist, darf doch nicht übersehen werden, daß erzählendes Perf. mit und ohne Waw bereits im ältesten Epos Israels belegt ist; vgl. וְהָלְמָה סִיסְרָא מָחֲקָה רֹאשׁוֹ וּמָחֲצָה‎ וְחָלְפָה רַקָּתוֹ‎ „und sie hämmerte auf Sisera, zerschlug sein Haupt, zerschmetterte und durchbohrte seine Schläfe" (Jdc. 5, 26). Während hier ausschließlich das Perf. als Punktual gebraucht wird, findet sich z. B. in einem Bericht über die kultpolitischen Maßnahmen des Königs Josia aus dem Ende des 7. Jhs. vor Chr. wiederholt Perf. mit Waw cop. neben dem Imperf. cons.: וְטִמֵּא ... וַיַּשְׁבֵּת‎ „und er verunreinigte ..., und er schaffte ab" (2 R. 23, 10f.). Daß es sich bei dieser, der traditionellen Regel nicht unterworfenen Stilform nicht um Überlieferungsfehler oder gar, wie man zuweilen meinte, um die Barbarei junger Glossatoren handelt[1]), wird jetzt eindrucksvoll durch ein Ostrakon bestätigt, das vor einiger Zeit bei Yabne Yam (Mīnet Rūbīn) gefunden wurde und das den fragmentarischen Beschwerdebrief eines Frondienst leistenden Judäers aus der Zeit Josias enthält[2]). Hier begegnet folgendes Satzgefüge: ויקצר עבדך ויכל ואסם „und dein Knecht erntete, maß und speicherte" (Zeile 3f.). In diesem Sprachgebrauch mag der Ansatzpunkt dafür vorliegen, daß unter dem Einfluß des Aram. das Imperf. cons. als Narr. aus der lebendigen Sprache überhaupt verdrängt wurde und an seine Stelle das Perf. als echtes Tempus der Vergangenheit trat (vgl. § 101, 7).

4. Für Willensäußerungen, z. B. Befehl und Verbot, Wunsch, Bitte und Absicht, gebraucht man Juss., Koh., Imp., Proh. und zuweilen das Imperfektum[3]).

a) Der Juss.[4]) (§ 63, 5c) steht affirmativ in der 3. Person: יְהִי אוֹר „es werde Licht!" (Gn. 1, 3), als Bitte mit enklit. נָא (§ 87, 5): יֻקַּח־נָא מְעַט־מַיִם „man nehme bitte ein wenig Wasser!" (Gn. 18, 4). Er folgt oft einem Imp. im Finalsatz (§ 117, 1) und begegnet konditional (§ 122, 2b).

b) Der Koh.[5]), ein Rest des alten Fin., ist der Modus der Selbstaufforderung in der 1. Person: אֵלְכָה „ich will gehen" נֵלְכָה „laßt uns gehen!", ferner der Bitte: אֶעְבְּרָה „möchte ich durchziehen dürfen" (Dt. 2, 27).

---

[1]) Vgl. R. Meyer, Auffallender Erzählungsstil in einem angeblichen Auszug aus der „Chronik der Könige von Juda". Baumgärtel-Festschr., 114—123; hier auch weitere Beispiele.

[2]) J. Naveh, A Hebrew Letter from the Seventh Century B. C. Israel Exploration Journal 10 (1960), 129—139 u. Tafel 17; zur Interpretation des Ostrakons vgl. Sh. Talmon, The New Hebrew Letter from the Seventh Century B. C. in Historical Perspective. BASOR 176 (1964), 29—38.

[3]) G. Bergsträßer, Grammatik II, § 10.

[4]) E. Kautzsch, Grammatik, § 109; HS, § 43.

[5]) E. Kautzsch, Grammatik, § 108.

Der alte Fin. zeigt sich außerdem noch in der seltenen 3. Person: יָחִישָׁה „er beschleunige doch!" (Jes. 5, 19), ferner dort, wo der Koh. final (§ 117, 1) oder konditional (§ 122, 3 c) steht; desgleichen, wo er, wie bereits ugar. und in Q häufiger als in MT, mit dem Imperf. und Imperf. cons. konkurriert.

c) Verstärkendes enklit. נָא־ weist vielleicht auf den Energ. *'aqtulannā hin; z. B. אָסְרָה־נָּא < *'asūrannā „ich will doch hingehen!" (Ex. 3, 3). Hierzu und zum suff. Energ. vgl. § 63, 5 d.

d) Der Imp.[1]) ist affirmative Befehlsform der 2. Person und kann ebenfalls durch alte Energ.-Endungen verstärkt werden: לְכָה „gehe doch!", הוֹשִׁיעָה נָּא (vgl. mittelhebr. הוֹשַׁעְנָא) „hilf doch!" (vgl. § 63, 5 d). Er steht auch konzessiv: רֹעוּ עַמִּים וָחֹתּוּ „tobt [immerhin], ihr Völker, ihr werdet [doch] verzagen" (Jes. 8, 9). Schließlich fungiert er konditional: זאת עֲשׂוּ וִחְיוּ „wenn ihr dieses tut, werdet ihr leben" (Gn. 42, 18); vgl. ferner § 122, 2 b.

e) Verneint werden Juss. und Imp. durch den Proh. mit אַל „nicht" als gewöhnlicher Negationspartikel: אַל־תְּהִי „sei nicht", אִישׁ אַל־יֵרָא „niemand soll sich sehen lassen" (Ex. 34, 3), אַל־נָא תָשֵׁת עָלֵינוּ חַטָּאת „lege doch auf uns keine Schuld!" (Nu. 12, 11).

f) Neben Imp. und Juss. hat auch das Imperf. auffordernde Bedeutung: אֶל־אַרְצִי . . . תֵּלֵךְ „nach meinem Lande . . . sollst du gehen!" (Gn. 24, 4); so bei Gesetzesbestimmungen: מִזְבַּח אֲדָמָה תַּעֲשֶׂה־לִּי „einen Altar von Erde sollst du mir machen" (Ex. 20, 24), und apodiktischen Verboten: לֹא תִּגְנֹב „du sollst nicht stehlen" (Ex. 20, 15; zur doppelten Akzentsetzung vgl. § 15, 3) ferner in Wen-

---

[1]) E. Kautzsch, Grammatik, § 110; F. R. Blake, A Resurvey of Hebrew Tenses, § 8.

dungen wie כֹּה יַעֲשֶׂה־לָּךְ אֱלֹהִים וְכֹה יוֹסִיף „Gott tue dir
dies und das" (1 S. 3, 17).

§ 101. Der Gebrauch der Afformativkonjugation

1. Die synt. Funktion des Perf.[1]) ist durch drei Faktoren
bestimmt. Nach § 3, 2 d stellt die Afformativkonjugation als
Stativ primär eine Aussage über einen Zustand oder eine
Eigenschaft dar; die Zeitstufe ist, wie beim Imperf. (§ 100,
2b), lediglich aus dem Zusammenhang zu erschließen. So
kann isoliert stehendes כָּבֵד < *kabida „er ist schwer", „er
war schwer" und „er wird schwer sein" bedeuten. An zweiter
Stelle ist zu beachten, daß afformatives *qatala im Rahmen
der Entwicklung von einer älteren Stufe zum Jungwestsem.
in das fientische Präformativsystem eingedrungen ist und
hier unter weitgehender Verdrängung des Narr. *yaqtulu
und des Prät. *yaqtul die Funktion eines Punktual übernommen hat. Dieser Umbildungsprozeß läßt sich aus dem
Ugar. unschwer erschließen[2]). Die Epik zeigt hier noch den
überwiegend statischen Gebrauch der Afformativkonjugation, wenngleich *qatila, das noch gegenüber dem später
dominierenden, daher als Paradigma verwendeten *qatala
vorherrscht, bereits als Punktual fungiert. Ist diese Funktion
in der Dichtung noch selten, so ist sie in der Prosasprache des
Alltags, wie im Idiom von Byblos aus dem 14. Jh. v. Chr.,
bereits voll ausgeprägt[3]). Schließlich ist noch ein dritter
Faktor in Rechnung zu ziehen, der vielfach nicht genügend
beachtet wird. Ebenso wie das alte Prät./Jussiv *yaqtul hat
altsem. auch der Stativ eine affirmative und zugleich eine

---

[1]) G. Bergsträßer, Grammatik II, § 6; E. Kautzsch, Grammatik, § 106; F. R. Blake, A Resurvey of Hebrew Tenses, § 10;
HS, § 41.
[2]) C. H. Gordon, Textbook, § 9, 4.
[3]) Ebd., § 9, 3.

jussivische Seite; das besagt, daß er nicht nur einen Zustand
oder eine Eigenschaft beschreibt, sondern auch den Wunsch
danach ausdrückt[1]). So kann der Stativ im Ugar. etwa
parallel zum Juss. gebraucht werden: *šlm tmlk šlm mlkt* =
**šalāmu tamluk šalāmu malakat* „Friede herrsche, Friede sei
Herrscher!"[2]). Somit ergibt sich als vorherb. Ausgangsbasis
für den Gebrauch des Perf. im AT, daß es als Stativ, als Punktual und auch als Juss. verwendet werden kann.

2. a) Ausgehend von den Wurzeln, die einen Zustand oder
eine Eigenschaft beschreiben, hat das Perf. im Hebr. seinen
statischen Charakter bewahrt: מַה־גָּדְלוּ מַעֲשֶׂיךָ „wie groß
sind deine Werke!" (Ps. 92, 6).

b) Dem entspricht der Gebrauch als Präs. bzw. Präs.-
Perf.: הַשָּׂדֶה נָתַתִּי לָךְ „[hiermit] gebe ich dir das Feld"
(Gn. 23, 11), הִשְׁתַּחֲוֵיתִי „ich werfe mich nieder" (2 S. 16, 4),
נָפְלָה לֹא תוֹסִיף קוּם בְּתוּלַת יִשְׂרָאֵל נִטְּשָׁה עַל־אַדְמָתָהּ
אֵין מְקִימָהּ „gefallen ist und nimmer steht sie auf, die
Jungfrau Israel, hingestreckt auf ihrem Land, keiner richtet
sie auf" (Am. 5, 2); הִנֵּה־נָא זָקַנְתִּי לֹא יָדַעְתִּי יוֹם מוֹתִי
„siehe doch, ich bin alt, nicht kenne ich den Tag meines
Todes" (Gn. 27, 2); so auch in Erfahrungssätzen und Sprich-
wörtern, oft parallel zu einem Nominalsatz: גַּם־צִפּוֹר מָצְאָה
בַיִת וּדְרוֹר קֵן לָהּ „auch der Vogel findet eine Behausung,
und die Schwalbe hat ein Nest" (Ps. 84, 4).

c) Der statische Charakter wirkt weiterhin dort nach, wo
das Perf. vergangene und abgeschlossene Ereignisse feststellt: הֵן הָאָדָם הָיָה כְּאַחַד מִמֶּנּוּ „siehe, der Mensch ist

---

[1]) Vgl. für das Akkadische W. v. Soden, Akkad. Grammatik,
§ 81 b.

[2]) Vgl. H. L. Ginsberg, The Ugaritic Texts (Jerusalem 1936),
78 [hebr.]; anders C. H. Gordon, Textbook, 174.

geworden wie unsereiner" (Gn. 3, 22), עַתָּה נִבְרְאוּ וְלֹא מֵאָז
„jetzt sind sie erschaffen worden und nicht vorzeiten" (Jes.
48,7); so auch im Attributsatz: אֶמְחֶה אֶת־הָאָדָם אֲשֶׁר־בָּרָאתִי
„ich will den Menschen austilgen, den ich geschaffen habe"
(Gn. 6, 7).

3. a) Hierzu treten die fientischen Funktionen. Der Gebrauch als Punktual liegt vor, wo das Perf. als Narr. verwendet wird und neben oder für Imperf. cons. steht. Allerdings bestehen hier bestimmte Einschränkungen. Während
im Ugar. erzählendes *qatala und *waqatala am Beginn des
Satzes möglich sind und mitunter auch im noch nicht aram.
beeinflußten Hebr. satzeinleitendes, präterital gebrauchtes
Perf. mit und ohne Waw cop. sowohl für die Dichtung als
auch für die Prosa belegt ist (§ 100, 3e), besteht für die
klassische hebr. Grammatik die Regel, daß das Verbum
unmittelbar am Satzbeginn im Imperf. cons. steht (§ 100,
3a). Dagegen findet sich das Perf., wo das Verbum durch
irgendeinen Satzteil vom Waw cons. getrennt wird: וַיִּקְרָא
אֱלֹהִים לָאוֹר יוֹם וְלַחֹשֶׁךְ קָרָא לָיְלָה „und Gott nannte
das Licht Tag, doch die Finsternis nannte er Nacht" (Gn. 1,
5). Ebenso steht Perf., wenn der Satz durch Subjekt, Objekt,
Adv., Konjunktionen oder durch die Negation eingeleitet
wird: אִישׁ הָיָה בְאֶרֶץ־עוּץ „es war ein Mann im Lande
Us" (Hi. 1, 1), wobei hier zugleich ein Buchanfang vorliegt
(vgl. § 100, 3b); צֵידָה שָׁלַח לָהֶם לָשֹׂבַע „Zehrung sandte
er ihnen die Fülle" (Ps. 78, 25); אָז בָּנָה אֶת־הַמִּלּוֹא „damals baute er den Millo" (1 R. 9, 24); בְּעֶצֶם הַיּוֹם הַזֶּה בָּא
נֹחַ „an eben diesem Tage trat Noah ein" (Gn. 7, 13);
כִּי אָמְרוּ לֹא־נָפַל דָּבָר „denn sie sagten" (Jdc. 9, 3);
„nicht entfiel etwas" (Jos. 21, 45).

b) Auch steht das Perf. zur Bezeichnung der in der Vergangenheit und in der Zukunft abgeschlossenen Handlung. So begegnet es als Plusquamperf. besonders bei Vorzeitigkeit in Nebensätzen: וַיַּשְׁכֵּם אַבְרָהָם בַּבֹּקֶר אֶל־הַמָּקוֹם אֲשֶׁר־עָמַד שָׁם „und Abraham machte sich früh auf nach dem Orte, wo er gestanden hatte" (Gn 19, 27); in gleicher Bedeutung wird es im Hauptsatz angewandt: וְשָׂרַי . . . לֹא יָלְדָה לוֹ „und Sarai . . . hatte ihm [noch] nicht geboren" (Gn. 16, 1). Im Sinne eines Fut. exactum fungiert es z. B. in: גַּם לִגְמַלֶּיךָ אֶשְׁאָב עַד אִם־כִּלּוּ לִשְׁתֹּת „auch deinen Kamelen will ich schöpfen, bis sie fertig sein werden mit Trinken" (Gn. 24, 19).

4. a) Wie im Ugar. findet sich zuweilen der Gebrauch des Perf. als Präs./Fut.; z. B. לָכֵן גָּלָה עַמִּי מִבְּלִי־דָעַת „darum wird mein Volk unversehens in die Verbannung ziehen" (Jes. 5, 13), נָתַתִּי כָפְרְךָ מִצְרַיִם „ich gebe Ägypten als Lösegeld für dich" (Jes. 43, 3).

b) Ebenso kann das Perf. als Durativ der Vergangenheit (vgl. § 100, 2d) verwendet werden: וְעָלָה הָאִישׁ הַהוּא מֵעִירוֹ מִיָּמִים יָמִימָה „und jener Mann pflegte von Zeit zu Zeit aus seiner Stadt hinaufzuziehen" (1 S. 1, 3).

5. In die Nähe modaler Abstufung führt z. B. כִּמְעַט כִּלּוּנִי „beinahe hätten sie mich vernichtet" (Ps. 119, 87), ebenso in der rhetorischen Frage: . . . הֶחֳדַלְתִּי אֶת־מְתָקִי וְהָלַכְתִּי לָנוּעַ עַל־הָעֵצִים „soll ich meine Süßigkeit lassen . . . und hingeben, um über den Bäumen zu schweben?" (Jdc. 9, 11). Zum Gebrauch des Perf. in Konditionalsätzen s. § 122.

6. a) Für den synt. Gebrauch des Perf. ist ferner bedeutsam, daß der alte Stativ, aus dem es ja hergeleitet werden muß, sowohl affirmativ als auch jussivisch fungieren kann. So

begegnet im Ugar. *qatala nicht nur neben und parallel zu
jussivischem *yaqtul (s. u. 1), sondern es wird auch, wie im
Arab.[1]), isoliert stehend als Optativ verwendet: ḥwt 'aḫt =
*ḥawītī 'aḫātī „mögest du leben, meine Schwester!"[2]); des-
gleichen finden sich bereits Formen mit Waw im Anschluß
an einen Imp. oder einen Konditionalsatz, wobei gilt, daß
dieser Sprachgebrauch nicht nur auf die Prosa beschränkt
ist, sondern sich auch schon in der Poesie belegen läßt[3]).
Letzterem entspricht im Hebr. das Perf. cons.[4]), das sich in
bezug auf Modus und Zeitstufe nach der vorangehenden Aussage richtet.

b) Es folgt häufig einem Imperf.: עַל־כֵּן יַעֲזָב־אִישׁ
אֶת־אָבִיו וְאֶת־אִמּוֹ וְדָבַק בְּאִשְׁתּוֹ וְהָיוּ לְבָשָׂר אֶחָד „darum
verläßt der Mann seinen Vater und seine Mutter, um seinem
Weibe anzuhangen, so daß sie zu einem Leibe werden"
(Gn. 2, 24); וְהַנֶּפֶשׁ אֲשֶׁר תִּפְנֶה אֶל־הָאֹבֹת . . . וְנָתַתִּי אֶת־פָּנַי
בַּנֶּפֶשׁ הַהִוא „und wenn jemand sich zu den Totengeistern
wendet . . ., so will ich gegen den Betreffenden mein Antlitz
richten" (Lv. 20, 6); einem Juss., Koh. und Imp.: יְבַקְשׁוּ
נַעֲרָה בְתוּלָה וְעָמְדָה לִפְנֵי הַמֶּלֶךְ . . . „man suche . . . ein
jungfräuliches Mädchen, damit es dem Könige aufwarte"
(1 R. 1, 2), אֲלַקֳטָה־נָּא וְאָסַפְתִּי „ich möchte doch auflesen
und sammeln" (Ru. 2, 7), קוּם רְדֹף אַחֲרֵי הָאֲנָשִׁים וְהִשַּׂגְתָּם
וְאָמַרְתָּ אֲלֵהֶם „auf, verfolge die Männer, hole sie ein und
sprich zu ihnen" (Gn. 44, 4); einem Perf. als Perf.-Präs.,
Fut. oder Ausdruck der Wiederholung in der Vergangenheit:

---

[1]) Vgl. H. Reckendorf, Arab. Syntax, § 7.
[2]) C. H. Gordon, Textbook, § 9, 54.   [3]) Ebd., § 13, 29.
[4]) Daß sich im Perf. cons. der alte juss. gebrauchte Stativ fort-
setzt, hat m. W. erstmalig H. L. Ginsberg erkannt; vgl. The
Rebellion and Death of Baʻlu. Orientalia 5 (1936), 176f.; W. J.
Moran, The Hebrew Language in Its Northwest Semitic Background. In: Albright-Festschr., 65.

הִנֵּה בֵּרַכְתִּי אֹתוֹ וְהִפְרֵיתִי אֹתוֹ „siehe, ich segne ihn [hier-mit] und lasse ihn fruchtbar sein" (Gn. 17, 20), רִצִּיתִי אַחֲרָיו וְלָקַחְתִּי „ich will ihm nachlaufen und nehmen" (2 R. 5, 20), אִם־הֲרָגָם וּדְרָשׁוּהוּ „wenn er sie würgte, fragten sie nach ihm" (Ps. 78, 34). Besonders als Präs./Fut. kann dem Perf. cons. ein Part. als verkürzter Attributsatz vorangehen: הַנֹּשְׁכִים בְּשִׁנֵּיהֶם וְקָרְאוּ שָׁלוֹם „die, wenn sie mit ihren Zähnen zu beißen haben, ‚Heil!' rufen" (Mi. 3, 5); desgleichen ein Inf. als verkürzter Nebensatz: בְּיוֹם צֵאתְךָ וְעָבַרְתָּ אֶת־נַחַל קִדְרוֹן „am Tage, da du hinausgehst und den Kidronbach überschreitest" (1 R. 2, 37). Auch ein Inf. abs. kann vorangehen: הָלוֹךְ וְרָחַצְתָּ „geh und bade!" (2 R. 5, 10), נָאוֹף וְהָלֹךְ בַּשֶּׁקֶר וְחִזְּקוּ יְדֵי מְרֵעִים „sie treiben Ehebruch, gehen mit Lüge um und bestärken die Übeltäter" (Jer. 23, 14); ebenso ein Nominalsatz: מָחָר חֹדֶשׁ וְנִפְקַדְתָּ „morgen ist Neumond, und man wird dich suchen" (1 S. 20, 18), כִּי חֹק לַכֹּהֲנִים . . . וְאָכְלוּ אֶת־חֻקָּם „denn die Priester hatten ein festes Einkommen . . ., und sie lebten von ihrem festen Einkommen" (Gn. 47, 22). Natürlich kann auch ein Perf. cons. dem anderen folgen (s. u. c).

c) Daneben findet sich auch selbständiges Perf. cons., das für Imperf., Juss. und Imp. stehen kann: וְקָמוּ שֶׁבַע שְׁנֵי רָעָב אַחֲרֵיהֶן וְנִשְׁכַּח כָּל־הַשָּׂבָע . . . וְכִלָּה הָרָעָב אֶת־הָאָרֶץ „nach ihnen werden sieben Hungerjahre anheben; da wird alle Fülle . . . vergessen sein, und der Hunger wird das Land verzehren" (Gn. 41, 30); וּנְמַלְתֶּם אֵת בְּשַׂר עָרְלַתְכֶם „und zwar sollt ihr an eurer Vorhaut beschnitten werden" (Gn. 17, 11), וַאֲהַבְתֶּם אֶת־הַגֵּר „und ihr sollt den Fremdling lieben!" (Dt. 10, 19); וַעֲשִׂיתֶם . . . וּנְתַתֶּם „so macht nun . . . und gebt!" (1 S. 6, 5). Zu beachten ist ferner satzeinleitendes

וְהָיָה „und es wird sein", das Gegenstück zu וַיְהִי „und es
geschah" (§ 100, 3b), das, weithin nicht mehr im Vollsinne
gebraucht und zur Formel erstarrt, dazu dient, die nachfolgende Aussage als futurisch festzulegen: וְהָיָה כָל־מֹצְאִי
יַהַרְגֵנִי „und jeder, der mich findet, wird mich töten" (Gn.
4, 14). Schließlich kann juss. gebrauchtes Perf. nach einer
Konjunktion stehen: כִּי אִם־זְכַרְתַּנִי אִתְּךָ . . . וְעָשִׂיתָ־נָּא עִמָּדִי
חָסֶד „nur gedenke mein . . ., und übe Liebe an mir" (Gn.
40, 14).

d) Das Imperf. tritt für Perf. cons. ein, sobald Verbum
und Waw cons. durch irgendeinen Satzteil getrennt werden:
וְהָרְגוּ אֹתִי וְאֹתָךְ יְחַיּוּ „und mich werden sie töten, dich aber
am Leben lassen" (Gn. 12, 12), וְעָשִׂיתָ כְּחָכְמָתֶךָ וְלֹא־תוֹרֵד
שֵׂיבָתוֹ בְּשָׁלֹם שְׁאֹל „du aber handle, wie du es für richtig
hältst, und lasse sein graues Haar nicht unbehelligt in die
Unterwelt fahren!" (1 R. 2, 6).

7. a) Gegen Ende der klassischen Periode bildet sich unter
Aufgabe der aspektualen Grundlage in der verbalen Syntax
ein Tempussystem mit den drei Stufen Vergangenheit, Zukunft und Gegenwart heraus, das im Mittelhebr. zur absoluten Herrschaft gelangt ist. Es liegt nahe, diesen Umbildungsprozeß auf den Einfluß zurückzuführen, den das Aram.
als Gemeinsprache Vorderasiens in der 2. Hälfte des 1. Jt.
v. Chr. zunehmend auf das Hebr. ausgeübt hat. Gleichwohl
darf nicht übersehen werden, daß auch das klassische
System selbst bereits Ansatzpunkte für eine solche Entwicklung bietet. Hierbei wird man vor allem an den altherge-
brachten präteritalen Gebrauch des Perf. in Satzgefügen
denken, wo man nach der klassischen Regel das Imperf. cons.
erwarten sollte (§ 100, 3e). Derartige innersprachliche Vor-
aussetzungen mögen dazu beigetragen haben, daß sich der
vom Aramäischen ausgehende Systemzwang zur Tempus-
bildung ziemlich reibungslos vollziehen konnte.

b) Für das Mittelhebr. ergibt sich somit folgendes Grund-
schema[1]): Als Tempus der Vergangenheit fungiert das Perf.
mit und ohne Waw zur Schilderung einer Handlung oder
eines Vorgangs: אַף הוּא רָאָה ... וְאָמַר „auch sah er ...
und sprach" (Abot 2, 6), וְרָאָה ... בָּא וְאָמַר ... וְיָדְעוּ
„und er sah...; er kam und sagte..., und sie wußten"
(Šeqalim 6, 2): daneben konstatiert es eine vollendete
Handlung: מֹשֶׁה קִבֵּל תּוֹרָה מִסִּינַי „Mose hat das Gesetz
vom Sinai her empfangen" (Abot 1, 1); dementsprechend
wird es auch zum Ausdruck der Vorzeitigkeit in Nebensätzen
verwendet: מַה־נַּעֲשֶׂה שֶׁגָּמַר רַבָּן יוֹחָנָן „was sollen wir tun,
nachdem Rabban Jochanan entschieden hat?" ('Eduyot 8,
3). Das Imperf. dient als Fut. und Juss.: עַד שֶׁתַּגִּיעַ לִמְקוֹמוֹ
„bis du in seine Lage kommen wirst", שֶׁמָּא לֹא תִּפָּנֶה „vielleicht wirst du keine Muße haben" (Abot 2, 4), אִם נָטַע
אוֹ הִבְרִיךְ אוֹ הִרְכִּיב יַעֲקוֹר „wenn man Stecklinge gepflanzt
oder Absenker gemacht oder gepfropft hat, muß man [es
wieder] herausreißen" (Šebi'it 2, 6). Daneben kann das
Imperf. modal fungieren: אִם יִהְיוּ כָּל־חַכְמֵי יִשְׂרָאֵל בְּכַף
מאֹזְנַיִם „wenn alle Weisen Israels in einer Waagschale
wären" (Abot 2, 8). Das Präs. oder der Durativ I wird durch
das Part. Akt. gebildet: כָּל־הַנְּחָלִים הֹלְכִים אֶל־הַיָּם
„alle Flüsse gehen ins Meer" (Qoh. 1, 7), וְהֶחָנְוָנִי מַקִּיף ...
וְהַיָּד כּוֹתֶבֶת „und der Kaufmann leiht .., und die Hand
schreibt an" (Abot 3, 16); יוֹדֵעַ אֲנִי „ich weiß", אֵינִי יוֹדֵעַ
„ich weiß nicht" (Nedarim 11, 7), קוֹרִין „man rezitiert"
(Berakot 1, 1); אֲנִי מֵת „ich bin im Begriff zu sterben"
(Yebamot 16, 6). Auch das Präs. kann modale Funktionen
haben: אֵנוּ נֹשְׂאִים „man darf essen" (Pe'a 1, 1), אָדָם אוֹכֵל

---

[1]) Vgl. zum Folgenden K. Albrecht, Neuhebr. Grammatik,
§§ 104—107; M. H. Segal, Mishnaic Hebrew, §§ 306—343.

„wir wollen heiraten" (Baba batra 8, 7). Zur Bezeichnung
einer in der Vergangenheit andauernden oder sich wieder-
holenden Handlung bedient man sich des Durativs II, der
durch das Part. in Verbindung mit הָיָה „er war" gebildet
wird; vgl. häufiges הוּא הָיָה אוֹמֵר „er pflegte zu sagen"
(Abot 3, 16). Es kann auch in Konditionalsätzen angewandt
werden, die einen jederzeit wiederholbaren Fall beschreiben:
הָיָה בָא בַדֶּרֶךְ וְשָׁמַע קוֹל צְוָחוֹת בָּעִיר וְאָמַר „ist jemand un-
terwegs und hat er Geschrei in der Stadt gehört und ge-
sagt: . . ." (Berakot 9, 3).

c) Die Herausbildung dieses Tempussystems ist für eine
althebr. Grammatik, wie die vorstehende, insofern nicht ohne
Belang, als bereits die Übersetzer von G unter seinem Einfluß standen und auch die Hebraistik in der Folgezeit bis
in die Gegenwart hinein der Versuchung mehr oder weniger
stark erlegen ist, die althebr. Syntax des Verbums in ein
Temporalsystem zu pressen, statt ihre geschichtlich bedingte
aspektuale Grundlage zum Ausgangspunkt für seine Deutung
zu nehmen.

§ 102. Der Infinitivus constructus

1. a) Der Inf. cstr.[1]) kann jeden nominalen Satzteil darstellen, ein Gen.-Attribut regieren und selbst im Gen. stehen;
außerdem hat er verbale Rektionskraft und tritt weithin
an die Stelle eines finiten Verbums. Letzteres dürfte seinen
Grund darin haben, daß die Begriffe „finit" und „infinit"
ohnehin nicht im strengen Sinne etwa der lat. Grammatik
auf das hebr. Verbalsystem anzuwenden sind; auch ver-
gegenwärtige man sich, daß, sprachgeschichtlich gesehen, der
Inf. cstr. und der endungslose Imp. auf eine Form, nämlich

---

[1]) G. Bergsträßer, Grammatik II, § 11; E. Kautzsch,
Grammatik, §§ 114f.; F. R. Blake, A Resurvey of Hebrew Tenses,
§ 13; HS, § 47.

den Imp./Inf. (§§ 63, 1; 65, 1a) zurückgehen, bei der es
jeweils nur aus dem Zusammenhang ersichtlich ist, welche
synt. Funktion sie hat. Das dem Inf. cstr. angefügte Pronominalsuffix kann im Gen. des Attributes und Akk. des
Objektes stehen, wobei, abgesehen von 1. c. Sg. קָטְלִי (Gen.)
sowie קָטְלֵנִי neben קָטְלִי (Akk.), in der Regel die Nominal-
formen verwendet werden.

b) Die Negation ist meist בִּלְתִּי (babyl. *bältī*; MO 198),
seltener בְּלִי; ferner בְּלֹא „ohne zu", אֵין־ „nicht".

c) Da der Inf. nur den Vorgang an sich anzeigt, hat ein
akt. Inf. zuweilen auch Pass.-Bedeutung: וַיְהִי הַשַּׁעַר לִסְגּוֹר
„und das Tor sollte gerade geschlossen werden" (Jos. 2, 5).

2. Der Inf. kann Subjekt sein: הַמְעַט מִכֶּם הַלְאוֹת אֲנָשִׁים
„ist es euch zu wenig, Männer zu ermüden?" (Jes. 7, 13),
Gen.-Attribut: בְּיוֹם עֲשׂוֹת „am Tage, da er schuf" (Gn. 2, 4),
ebenso Akk.-Objekt: לֹא־תוֹסִיף קוּם „nie mehr steht sie
auf" (Am. 5, 2); וְלֹא אָבָה . . . הַעֲבִרֵנוּ „und nicht wollte er
. . . uns durchziehen lassen" (Dt. 2, 30).

3. Häufig steht der Inf. nach Präpositionen; so nach
temporalem בְּ „während, indem", כְּ „als, sobald als",
kausalem עַל, יַעַן „weil" und konzessivem עַל „obgleich":
בִּהְיוֹתָם בְּמִצְרַיִם „während sie in Ägypten waren" (1 S. 2,
27), כִּרְאֹת . . . וּכְשָׁמְעוֹ „und als er sah . . . und hörte"
(Gn. 24, 30); יַעַן מָאָסְכֶם „weil ihr verachtet" (Jes. 30, 12),
עַל־אָמְרֶךָ „weil du sprichst" (Jer. 2, 35); עַל־דַּעְתְּךָ „obgleich
du weißt" (Hi. 10, 7).

4. Zu einem umfangreichen Bedeutungssystem hat sich
der Inf. nach לְ „zu" entwickelt.

a) Die ursprüngliche Bedeutung von לְ „zu" begegnet noch im finalen Gebrauch: וַיֵּרֶד . . . לִרְאֹת אֶת־הָעִיר „und er stieg hinab . . ., um die Stadt zu sehen" (Gn. 11, 5), הִפְגִּעוּ בַמֶּלֶךְ לְבִלְתִּי שְׂרֹף אֶת־הַמְּגִלָּה „sie baten den König inständig, die Rolle nicht zu verbrennen" (Jer. 36, 25), לָנֻס שָׁמָּה רוֹצֵחַ „daß dahin ein Totschläger fliehen könne" (Dt. 4, 42), לְבִלְתִּי הַכּוֹת־אֹתוֹ כָּל־מֹצְאוֹ „daß keiner ihn er- schlüge, der ihn fände" (Gn. 4, 15), כִּי יִשְׁמַע הַמֶּלֶךְ לְהַצִּיל אֶת־אֲמָתוֹ מִכַּף הָאִישׁ לְהַשְׁמִיד אֹתִי וְאֶת־בְּנִי יַחַד „der König wird gewiß [darauf] hören, daß er seine Magd errette aus der Hand des Mannes, der mich zusammen mit meinem Sohne austilgen will" (2 S. 14, 16); daneben fungiert er z. B. konsekutiv: לְהַכְרִיתוֹ לְבִלְתִּי הֱיוֹת־בּוֹ יוֹשֵׁב „ihn (sc. diesen Ort) zu vernichten, so daß es darin keine Bewohner mehr gibt" (Jer. 51, 62), oder temporal: וַיִּתְנַבְּאוּ עַד לַעֲלוֹת הַמִּנְחָה „und sie rasten, bis das Speisopfer dargebracht wurde" (1 R. 18, 29).

b) Der Inf. mit לְ kann darüber hinaus Subjekt, besonders im Nominalsatz sein: אִם־טוֹב בְּעֵינֶיךָ לָבוֹא „wenn es gut ist in deinen Augen zu kommen" (Jer. 40, 4); ferner Prädikat: וְהָיָה (הָאָרֶץ) לְאָדָם לְבָעֵר „und (die Fichte) soll den Leuten zum Heizen dienen" (Jes. 44, 15).

c) Als Akk.-Objekt begegnet er nach Verben des Befehlens, z. B. צִוָּה „befehlen", und ergänzend z. B. bei אָבָה „[nicht] wollen" (s. auch u. 2), הֵחֵל „beginnen", חָפֵץ „wollen", יָכוֹל „können", נָתַן „lassen", הוֹסִיף „fortfahren": כַּאֲשֶׁר כִּלָּה לְדַבֵּר אֶל־אַבְרָהָם „als er fertig war, zu Abraham zu reden" (Gn. 18, 33). Ferner in Zusammensetzungen wie וַיַּשְׁכֵּם . . . לָקוּם „und er stand . . . frühzeitig auf" (2 R. 6, 15).

d) Der Inf. mit לְ kann auch attributiv fungieren und ein
Nomen, Pronomen oder eine Partikel ergänzen: עֵת לַעֲשׂוֹת
„Zeit zu handeln" (Ps. 119, 126), מַה־לַּעֲשׂוֹת עוֹד לְכַרְמִי
„was soll ich an meinem Weinberge noch tun?" (Jes. 5, 4),
אִם־אֵין־לְךָ לְשַׁלֵּם „wenn du nichts zum Bezahlen hast"
(Prv. 22, 27).

e) Schließlich kann dieser Inf. Art und Weise eines
Vorganges oder Zustandes anzeigen, entsprechend moda-
lem „indem": הָאָדָם הָיָה כְּאַחַד מִמֶּנּוּ לָדַעַת טוֹב וָרָע „der
Mensch ist geworden wie unsereiner, indem er um gut und
böse weiß" (Gn. 3, 22); vgl. auch häufiges לֵאמֹר „indem er
sprach", „folgendermaßen", das die direkte Rede einleitet
und in Fällen, wo ein Verbum des Sagens vorangeht, am
besten unübersetzt bleibt: וַיֻּגַּד יְהוֹנָתָן לְדָוִד לֵאמֹר מְבַקֵּשׁ שָׁאוּל
אָבִי לַהֲמִיתֶךָ „Jonathan aber meldete David: Mein Vater
Saul sucht dich zu töten" (1 S. 19, 2).

5. a) Vielfach fungiert der Inf. als finites Verbum sowohl
im Haupt- als auch im Nebensatz: כִּי לֹא לְהוֹרִישׁ אֶת־יֹשְׁבֵי
הָעֵמֶק „sie vermochten nämlich nicht, die Bewohner der
Niederung zu vertreiben" (Jdc. 1, 19), בְּיוֹם צֵאתְךָ וְעָבַרְתָּ
אֶת־נַחַל קִדְרוֹן „am Tage, da du hinausgehst und den Kidronbach überschreitest" (1 R. 2, 37).

b) Das Subjekt eines Inf.-Satzes kann als Attribut im
Gen. subjectivus stehen: הַמְעַט קַחְתֵּךְ אֶת־אִישִׁי „ist es
nicht genug, daß du meinen Mann nimmst?" (Gn. 30, 15),
בְּחֶמְלַת יְהוָה עָלָיו „weil Jahwe ihn verschonen wollte"
(Gn. 19, 16), oder im Nom. als dem Subjektskasus: יְהוָה
לְמוֹת; לְהוֹשִׁיעֵנִי „Jahwe wird mich retten" (Jes. 38, 20);
שָׁם אֲנַחְנוּ וּבְעִירֵנוּ „daß wir und unser Vieh dort sterben"
(Nu. 20, 4), לְבִלְתִּי הַכּוֹת־אֹתוֹ כָּל־מֹצְאוֹ „damit ihn nicht er-

schlüge ein jeder, der ihn fände" (Gn. 4, 15); dieser Sprachgebrauch findet sich auch häufig in Q: לְהִבָּרֵךְ בְּרֵאשִׁית
תלחם או התירוש ,,damit zuerst das Brot oder der Most gesegnet werden" (1 QS 6, 5f.).

§ 103. Der Infinitivus absolutus

1. a) Der Inf. abs.[1]) hat eine Form, die man nicht als starr, sondern als isoliert bezeichnen sollte. Nach Ausweis des Ugar.[2]) besaß dieser Inf. von Haus aus -*u* als Auslautvokal, vgl. *sp'u* = **sapā'u* ,,essen". Diese Endung kann man auf den Nom. oder Casus rectus zurückführen und damit als eine Bildung ansehen, die man am besten als einen absolut bzw. isoliert gebrauchten Nom. ansieht. Trifft diese Vermutung zu, dann hätte sie in der akkad. Endsilbe -*um*[3]) beim paronomastisch gebrauchten Inf. (s. u. 4b) oder im arab. Adv. auf -*u* — vgl. z. B. *ba'du* ,,nachher" — entsprechende Analogien. Auf jeden Fall handelt es sich um eine nominale Endung.

b) Die Besonderheit dieses Inf. besteht darin, daß er in nominaler Funktion keinen St. cstr. bilden und kein Gen.-Suff. annehmen kann, während ihm verbal das Akk.-Suff. stets in Verbindung mit der Akk.-Partikel folgt: יָדֹעַ אוֹתִי ,,mich erkennen" (Jer. 9, 23). Obwohl der nominalen Flexion nicht unterworfen, kann er gleichwohl als Gen.-Attribut oder Akk.-Objekt gebraucht werden; soweit er ein Verbum finitum vertritt, gilt die für das althebr. Verbalsystem gültige

---

[1]) G. Bergsträßer, Grammatik II, § 12; E. Kautzsch, Grammatik, § 113; F. R. Blake, A Resurvey of Hebrew Tenses, §§ 11 f.; HS, § 46; E. Hammershaimb, On the so-called infinitivus absolutus in Hebrew. In: Driver-Festschr., 85—94 (Lit.).

[2]) C. H. Gordon, Textbook, § 9, 27—29.

[3]) W. v. Soden, Akkad. Grammatik, § 150.

Allgemeinregel, daß die jeweilige Zeitstufe nur aus dem Zusammenhange zu erschließen ist.

2. a) In nominaler Funktion ist der Inf. abs. zuweilen Subjekt: יֹאותָם(1) הֵיטֵיב אֵין „Glück zu bringen, steht nicht bei ihnen" (Jer. 10, 5), oder Prädikat: עֲבֹדַת הַצְּדָקָה הַשְׁקֵט וְבֶּטַח „der Ertrag der Gerechtigkeit ist Stillehalten und Vertrauen" (Jes. 32, 17)[2].

b) Er steht auch als Gen.-Attribut: מוּסַר הַשְׂכֵּל „Zucht zur Einsicht" (Prv. 1, 3), בְּמַטְאֲטֵא הַשְׁמֵד „mit dem Besen des Verderbens" (Jes. 14, 23); er kann zwar mit einer Präposition kein Gen.-Verhältnis eingehen[3], wohl aber einen präpositional regierten Inf. cstr. fortsetzen: בְּתִתְּךָ לוֹ לֶחֶם . . . וְשָׁאוֹל לוֹ בֵּאלֹהִים „indem du ihm Brot gabst . . . und für ihn Gott befragtest" (1 S. 22, 13).

c) Zum Inf. abs. als Akk.-Objekt vgl. לִמְדוּ הֵיטֵב „lernt Gutes tun" (Jes. 1, 17).

d) Daneben wird er häufig adv. gebraucht: הַרְבֵּה „viel", הֵיטֵיב „gut", מַהֵר „eilends". Hiervon wird הַרְבֵּה sogar als indeklinables Subst. „Menge" gebraucht und z. B. appositionell verwendet: לְבַד מֵעָרֵי הַפְּרָזִי הַרְבֵּה מְאֹד „außerdem die sehr zahlreichen offenen Landstädte" (Dt. 3, 5).

3. a) Verbal fungiert der Inf. abs. zunächst als gewöhnlicher Inf.: אָכֹל דְּבַשׁ „Honig essen" (Prv. 25, 27), מָאוֹס בָּרַע וּבָחוֹר בַּטוֹב „Schädliches meiden und Nützliches wählen" (Jes. 7, 15).

---

[1] So für אֹתָם (§ 87, 3b).

[2] Literarisch unterliegt MT Bedenken (vgl. BH[3]), doch philologisch ist er in Ordnung.

[3] Die angeblichen Belege hierfür beruhen auf Überlieferungsfehlern.

b) Sehr verbreitet ist der paronomastische Gebrauch des Inf. abs., um ein Verbum finitum, gleichsam als verbal-nominale Apposition, in seiner Aussagekraft zu verstärken; vgl. hierzu schon ugar. *ġm'u ġm't = *ġamā'u ġami'tī* „du (F.) bist gewiß durstig". Er wird hierbei von der gleichen Wz. und demselben Stamm, bei abgeleiteten Stämmen aber zuweilen auch vom Qal gebildet und meist dem Verbum finitum vorangestellt: גֻּנֹּב גֻּנַּבְתִּי „gestohlen worden bin ich" (Gn. 40, 15), מוֹת יוּמָת „er wird gewiß getötet" (Ex. 19, 12); mit eingeschobener Negation: בָּרֵךְ לֹא תְבָרְכֶנּוּ „segnen sollst du ihn wenigstens nicht" (Nu. 23, 25), daneben adversativ: לֹא כִּי־אָסֹר נֶאֱסָרְךָ „nein, nur festnehmen wollen wir dich" (Jdc. 15, 13). Seltener steht er nach: הָרְגֵנִי נָא הָרֹג „töte mich lieber ganz!" (Nu. 11, 15); so besonders zur Unterstreichung der längeren Dauer eines Vorgangs: לַשָּׁוְא צָרַף צָרוֹף „umsonst hat man dauernd geschmolzen" (Jer. 6, 29).

Der gleiche Inf. wird auch abgeblaßt gebraucht; z. B. am Anfang der Rede: . . . רָאוֹ רָאִינוּ כִּי „wir haben gesehen, daß . . ." (Gn. 26, 28).

c) Ferner begegnet der Inf. abs. als Imp.: זָכוֹר אֶת־הַיּוֹם הַזֶּה „gedenke dieses Tages!" (Ex. 13, 3), הָלוֹךְ וְאָמַרְתָּ „geh und sprich!" (Jes. 38, 5), und somit als Interjektion: שָׁמוֹר „Achtung!" (Dt. 5, 12).

d) Nicht selten wird der Inf. abs. in Aussagesätzen als Verbum finitum verwendet: אָכֹל וְהוֹתֵר „man wird essen und [noch] übriglassen" (2 R. 4, 43), הָסֵר מְשׂוּכָתוֹ „ein-reißen werde ich seinen Zaun" (Jes. 5, 5); so auch in längeren Perioden der lebhaften Rede: בָּטוֹחַ עַל־תֹּהוּ וְדַבֶּר־שָׁוְא הָרוֹ עָמָל וְהוֹלִיד אָוֶן „man vertraut auf Eiteles und redet Trug,

man geht mit Unheil schwanger und gebiert Frevel" (Jes.
59, 4), und der erregten Frage: הֲרֹב עִם־שַׁדַּי יִסּוֹר ,,kann
der Tadler mit dem Allmächtigen rechten?" (Hi. 40, 2).

e) Auch kann der Inf. abs. ein Verbum finitum fortsetzen[1]): זֹאת נַעֲשֶׂה לָהֶם וְהַחֲיֵה אוֹתָם ,,dies wollen wir an
ihnen tun und sie am Leben lassen" (Jos. 9, 20), הַנִגְלֹה
נִגְלֵיתִי . . . וּבָחֹר אֹתוֹ ,,habe ich mich nicht offenbart . . .
und ihn erwählt?" (1 S. 2, 27f.), אֲשֶׁר קִטְּרוּ . . . וְהַסֵּךְ נְסָכִים
,,wo sie opferten . . . und Trankopfer spendeten" (Jer. 19, 13),
שָׂדוֹת בַּכֶּסֶף יִקְנוּ וְכָתוֹב בַּסֵּפֶר וְחָתוֹם וְהָעֵד עֵדִים ,,Äcker wird
man kaufen für Geld, die Kaufurkunde ausstellen und ver-
siegeln sowie Zeugen hinzuziehen" (Jer. 32, 44).

Hierbei wird er mitunter modal gebraucht: וַיַּעַשׂ כֵּן הָלֹךְ
עָרוֹם וְיָחֵף (1 QJes.ᵃ: הלוך) ,,er tat es, indem er nackt und
barfuß einherlief" (Jes. 20, 2), וַיֵּצֵא יָצוֹא וָשׁוֹב ,,und er flog
hin und her" (Gn. 8, 7).

f) Besondere Beachtung verdienen einige Formen in
jungen Texten, bei denen zu dem finit gebrauchten Inf. abs.
ein Subjekt in Gestalt eines Personalpronomens oder eines
Nomens getreten ist: וְשַׁבֵּחַ אָנִי ,,und ich pries" (Qoh. 4, 2),
וְנַהֲפוֹךְ הוּא ,,und es war umgekehrt" (Est. 9, 1), וְנִשְׁלוֹחַ
סְפָרִים ,,und Urkunden wurden ausgeschickt" (ebd. 3, 13).
Nach manchen Forschern hat sich in diesen literarisch jungen
Belegen nordkan. Sprachgebrauch erhalten; man verweist
hierbei z. B. auf ugar. wtbʻ ʼank, das man mit *watabāʼu
ʼanāku ,,und ich brach auf" auflöst, und auf das Phön. von
Karatepe, wo etwa bn ʼnk einem hebr. *בָּנֹה אָנֹכִי ,,ich
baute" entsprechen könnte. Da jedoch derselbe angebliche

---

[1]) Vgl. A. Rubinstein, A Finite Verb Continued by an In-
finitive Absolute in Biblical Hebrew. VT 2 (1952), 362—367;
daselbst das vollständige Material.

Inf. abs. in Karatepe auch suff. belegt ist — *yrdm 'nk* „ich
ließ sie herabsteigen" —, damit aber in einer Funktion, die
offensichtlich seinem Wesen widerspricht (s. u. 1), so liegt
die Vermutung näher, daß hier nicht der Inf. abs. vorliegt,
sondern analog zu § 94, 5c ein neutral gebrauchtes Perf.
3. M. Sg., das durch nachfolgendes pronominales Subjekt
spezifiziert wird. So ergibt sich für ugar. *wtbʿ 'ank* wohl
besser **watabiʿa 'anāku*, wörtlich: „und man brach auf
[,nämlich] ich", während phön. *bn 'nk* mit hebr. **בָּנָה אָנֹכִי*
„man baute [,nämlich] ich" wiederzugeben wäre. Sollte
letztere Annahme, die neuerdings wieder von E. Hammershaimb geteilt wird[1]), zutreffen, dann können die ugar. und
phön. Beispiele nicht als Ausgangspunkt für Qoh 4, 2 und
Est. 3, 13; 9, 1 angesehen werden.

§ 104. Das Partizipium

1. a) Morphologisch ein reines Nomen, steht das Part.[2])
dem Adj. nahe (zum Qal vgl. §§ 36, 2; 37, 5), ohne allerdings
mit ihm synt. identisch zu sein. Während nämlich das Adj.
eine Eigenschaft oder einen Zustand einfach feststellt, hat
das Part. verbale Funktionen und dient dazu, eine Person
oder Sache als im Ablauf einer Handlung befindlich zu
charakterisieren oder in einem Zustand darzustellen, der sich
aus einem abgelaufenen Vorgang ergeben hat. Hierbei gilt
bei Abweichungen, die sich aus der Eigenart des hebr.
Verbalsystems ergeben (s. u. 2a), als Grundregel, daß zur
Wiedergabe einer Dauerhandlung das Part. Akt. dient, כֹּתֵב
„schreibend", während zur Beschreibung des Zustandes, der

---

[1]) E. Hammershaimb, (oben S. 61, Anm. 1), 92; vgl. ferner
zum Phön. J. Friedrich, Phön.-pun. Grammatik, § 286, Anm. 1;
KAI I, 13.
[2]) G. Bergsträßer, Grammatik II, § 13; E. Kautzsch,
Grammatik, § 116; F. R. Blake, A Resurvey of Hebrew Tenses,
§§ 14—19; HS, § 44.

aus einer Handlung folgt, das Part. Pass. verwendet wird, כָּתוּב „geschrieben".

b) Dementsprechend kann das eigentliche Part. im Grundstamm nur von fientischen Verben gebildet werden; statische Verben bilden kein derartiges Part., da sie ja umgekehrt auf einem Nomen, meist in Gestalt eines Zustandsadj., fußen, das man nur in erweitertem Sinn als Part. bezeichnen kann; vgl. etwa זָקֵן „alt, Greis" mit Imperf. יִזְקַן „er altert" und Perf. זָקֵן „er war (ist) alt". Wo aus statischen Wurzeln ein echtes Part. gebildet wird, geschieht dies analog zum fientischen Verbum, wie etwa bei שָׂנֵא „hassen" mit dem Part. Akt. שֹׂנֵא „hassend" und dem Part. Pass. F. שְׂנוּאָה „gehaßt, zurückgesetzt". Zuweilen begegnet beim statischen Verbum neben dem Zustandsadj. auch das fientische Part. mit deutlichem synt. Unterschied; so ist von *לָעֵג „stottern, spotten" das Adj. *לָעֵג „barbarisch redend, fremdsprachig" (Jes. 28, 11) und das Part. לֹעֵג „verspottend" (Jer. 20, 7) belegt.

c) Das Part. hat nominale und verbale Rektion: אֹהֲבֵי שְׁמֶךָ „die deinen Namen Liebenden" (Ps. 5, 12), אֹיֵב אֶת־דָּוִד „Davids Feind" (1 S. 18, 29), אֹיְבַי שֶׁקֶר „die mich ohne Ursache hassen" (Ps. 69, 5), וַתַּחְשְׁבֵנִי לְאוֹיֵב לָךְ „und [warum] hältst du mich für deinen Feind" (Hi. 13, 24), הֹקְרַת אֹיְבַי חִנָּם „die mir grundlos feind sind" (Thren. 3, 52), אֹתָם „das, was ihnen begegnet war" (Gn. 42, 29); doch regiert es öfter Nominal- als Verbalsuffixe: גֹּאֲלִי „der mich Lösende, mein Verteidiger" (Hi. 19, 25), הַמְאַזְּרֵנִי „der mich umgürtet" (Ps. 18, 33), wobei in der letzten Bildung der nominal-verbale Doppelcharakter des Part. mit Artikelgebrauch und Verbalsuffix besonders anschaulich zum Ausdruck kommt.

d) Das Part. kann von Partikeln wie יֵשׁ „Vorhandensein",

אַיִן „Nichtsein" und עוֹד „Nochsein" regiert werden: אִם־יֶשׁ

עֹשֶׂה מִשְׁפָּט „ob einer da ist, der Recht übt" (Jer. 5, 1),

אֵין יוֹצֵא וְאֵין בָּא „niemand konnte aus- und eingehen"

(Jos. 6, 1), עוֹד עָצוּר „als er sich noch zurückhalten mußte"

(1 Ch. 12, 1).

2. a) Entsprechend dem aspektualen Grundcharakter des
hebr. Verbalsystems ist auch das Part. der Zeitstufe nach
neutral. So kann man dem Part. Akt. בָּא in isolierter Stellung nicht ansehen, ob es — wie in den meisten Fällen —
mit „kommend", mit „gekommen" (Gn. 18, 11) oder „kommen werdend" (1 S. 2, 31) zu übersetzen ist. Desgleichen
kann das Part. Pass. neben seiner eigentlichen Bedeutung in
den abgeleiteten Stämmen gerundivische Funktionen in
mancherlei Abschattierungen haben; so besonders im Ni.:
נֶחְמָד „begehrenswert" (Gn. 3, 6), נוֹרָא „zu fürchtend,
furchtbar" (Ps. 76, 8), לְעָם נוֹלָד „einem Volke, das [noch]
geboren werden soll" (Ps. 22, 32), הַחַיָּה הַנֶּאֱכֶלֶת „das eß-
bare Getier" (Lv. 11, 47); daneben sei auf den interessanten
Bedeutungsunterschied hingewiesen, der zwischen Polal
הַמְמוֹתָתִים „die umgebracht werden sollten" (Ketib) und
Ho. הַמּוּמָתִים „die getötet werden sollten" (Qere) in 2
R. 11, 2 besteht.

b) Die Dauer in der Gegenwart beschreibt das Part. Akt.
etwa in folgenden Sätzen: וְנָהָר יֹצֵא מֵעֵדֶן „und ein Strom
entspringt in Eden" (Gn. 2, 10), כִּי יֹדֵעַ אֱלֹהִים „denn Gott
weiß" (Gn. 3, 5), אָנֹכִי בֹּרַחַת „ich bin auf der Flucht" (Gn.
16, 8). Hieraus entwickelt sich auf später Stufe das gewöhnliche Präs. oder der Durativ der Gegenwart, הָאָרֶץ לְעוֹלָם
עֹמָדֶת „die Erde besteht in Ewigkeit" (Qoh. 1, 4), das im

mittelhebr. Tempussystem (§ 4, 3c) seine volle Ausprägung erfahren hat (§ 101, 7b).

c) Als ein Perf.-Präs., das die in der Gegenwart vollendete Handlung und den sich daraus ergebenden Zustand bezeichnet, begegnet zuweilen das Part. Akt. mit dem Artikel: עֵינֶ֫יךָ הָרֹאֹת „deine Augen sind es, die gesehen haben" (Dt. 3, 21); allerdings kann der Artikel auch beim Durativ der Gegenwart stehen: הַמְאַזְּרֵ֫נִי „der mich gürtet" (Ps. 18, 33; s. u. 1c). Gewöhnlich steht zur Bezeichnung des Zustandes das Part. Pass.: כָּל־הֲרֻגֶ֫יהָ „alle von ihr Erschlagenen" (Prv. 7, 26). Zum Part. im Akk. des Zustandes vgl. § 108, 2b.

d) Als Durativ der Vergangenheit findet sich das Part. Akt. etwa in der Verbindung רַק בַּבָּמוֹת הוּא מְזַבֵּ֫חַ וּמַקְטִיר „nur opferte und räucherte er auf den Höhen" (1 R. 3, 3); zuweilen wird auch hier das Part. Pass. gebraucht, so im Ho.: הִוא מוּצֵאת וְהִיא שָׁלְחָה „schon wurde sie hinausgeführt, da schickte sie" (Gn. 38, 25; doch vgl. hierzu auch § 121, 2b). Zur Bezeichnung des Zustandes in der Vergangenheit vgl. etwa וַיֹּ֫אמֶר אֶל־הָאִישׁ לְבֻשׁ הַבַּדִּים „und er sprach zu dem Manne, der in Leinen gekleidet war" (Ez. 10, 2).

e) Auf der Stufe der Vorvergangenheit im Sinne eines Plusquamperf. steht das Part. Akt. in dem Satz: וַיַּגִּ֫ידוּ לוֹ אֵת כָּל־הַקֹּרֹת אֹתָם „sie berichteten ihm alles, was ihnen begegnet war" (Gn. 42, 29; s. u. 1c); zum Part. Pass. vgl. etwa וְהִנֵּה לִקְרָאתוֹ חוּשַׁי הָאַרְכִּי קָר֫וּעַ כֻּתָּנְתּוֹ „da trat ihm Husai der Arkiter entgegen, der seinen Rock zerrissen hatte" (2 S. 15, 32).

f) Im Fut. begegnet das Part. Akt. z. B. nach הִנֵּה „siehe": הִנְנִי מֵבִיא אֶת־הַמַּבּוּל „siehe, ich bringe die Flut" (Gn.

6, 17), ebenso in Sätzen wie: כִּי לִתְשׁוּבַת הַשָּׁנָה מֶלֶךְ אֲרָם
עֹלֶה עָלֶיךָ „denn nach Jahresfrist wird der König von
Syrien [wieder] gegen dich heraufziehen" (1 R. 20, 22), oder
in temporalen bzw. konditionalen Fügungen: אָנֹכִי מֵת וֵאלֹהִים
פָּקֹד יִפְקֹד אֶתְכֶם „wenn ich gestorben bin, wird sich Gott
euer gewiß annehmen" (Gn. 50, 24). Zur futurischen Bedeutung des Part. Pass. vgl. הִנֵּה־בֵן נוֹלָד לְבֵית־דָּוִד „siehe,
ein Sohn wird dem Hause David geboren werden" (1 R. 13, 2).

g) In Verbindung mit dem Perf. und Imperf. cons. sowie
mit dem Imperf. und Juss. von הָיָה „sein" entstehen zusammengesetzte Zeitformen, die die jeweilige Zeitstufe
unterstreichen und zuweilen dem Part. modale Nuancen
verleihen können: וַיְהִי מוֹרֶה אֹתָם אֵיךְ יִירְאוּ אֶת־יְהֹוָה „und
er lehrte sie, wie sie Jahwe verehren sollten" (2 R. 17,
28), הַבָּקָר הָיוּ חֹרְשׁוֹת „die Rinder pflügten gerade" (Hi.
1, 14), וַיְהִי טוֹחֵן בְּבֵית הָאֲסִירִים „und er mußte im Ge-
fängnis die Mühle drehen" (Jdc. 16, 21 Ketib), וְכִסֵּא דָוִד
. . . יִהְיֶה נָכוֹן עַד־עוֹלָם „und der Thron Davids stehe . . .
allezeit fest" (1 R. 2, 45), וִיהִי מַבְדִּיל „und sie (die Feste)
möge trennen" (Gn. 1, 6). Zum Gebrauch von הָיָה mit Part.
im Mittelhebr. vgl. § 101, 7 b.

3. a) Das Part. kann jeden Satzteil vertreten und steht
dann oft für einen Nebensatz; so als Subjekt: מַכֵּה אִישׁ וָמֵת
מוֹת יוּמָת „wenn jemand einen Mann schlägt, so daß er
stirbt, muß er getötet werden" (Ex. 21, 12), oder als Akk.-
Objekt: וַאֲבָרְכָה מְבָרְכֶיךָ „und ich will segnen, die dich
segnen" (Gn. 12, 3); ferner als Attribut: וְהָיָה כָל־מֹצְאִי
יַהַרְגֵנִי „ein jeder, der mich findet, wird mich töten" (Gn.
4, 14), oder im adv. Bezuge: הָעָם לֹא־שָׁב עַד־הַמַּכֵּהוּ „das
Volk kehrt nicht zu dem zurück, der es geschlagen hat"
(Jes. 9, 12).

b) Prädikativ fungiert das Part. bei Schilderungen in der Vergangenheit oft bei einem Verbum des Wahrnehmens unter Einschub von הִנֵּה „siehe!", das man besser nicht mit übersetzt: וַיַּרְא וְהִנֵּה גְמַלִּים בָּאִים „und als er aufschaute, sah er Kamele kommen" (Gn. 24, 63), ferner nach עוֹד „noch", oft fortgesetzt durch ein Verbum finitum: עוֹדֶ֫נּוּ מְדַבֵּר ... וְרָחֵל בָּ֫אָה „während er noch redete..., kam Rahel" (Gn. 29, 9).

§ 105. Das Akkusativobjekt

1. a) Nach § 95, 4 drückt der Akk. als abverbaler Kasus sämtliche Beziehungen aus, die zwischen einem Nomen und dem ihm übergeordneten Verbum bestehen können. Im Akk. stehen demnach das direkte oder nähere Objekt[1]), die adv. Bestimmungen (§ 106) und die Präpositionen, mit deren Hilfe ein Nomen von einem Verbum regiert werden kann (§ 107). Beim direkten Objekt unterscheidet man ein äußeres, von einer Handlung betroffenes, daher auch als affiziert bezeichnetes Objekt und ein inneres oder effiziertes Objekt, das im Begriff des regierenden Verbums in der einen oder anderen Form bereits enthalten ist. Verben, die äußere Objekte regieren, bezeichnet man als trans., die übrigen als intrans.; innere Objekte können sowohl bei trans. als auch bei intrans. Verben stehen. Im übrigen weicht das Hebr. in bezug auf seine Vorstellungen vom trans. und intrans. Charakter der Verben wesentlich von unserer Auffassung ab; außerdem ist zu beachten, daß zahlreiche statische Verben Transitiva sind und somit die Begriffe „fientisch" und „statisch" einerseits sowie „trans." und „intrans." anderseits streng auseinandergehalten werden müssen.

---

[1]) E. Kautzsch, Grammatik, § 117; HS, §§ 89—97.

b) Während das Ugar. noch seine volle Nominalflexion besitzt und dementsprechend das Akk.-Objekt jederzeit erkennbar ist, hat sich im Hebr., ebenso wie etwa im Phön., Moab. und Altaram.[1]), eine Akk.-Partikel herausgebildet, die tib. in der Regel als אֵת und ־אֶת erscheint (§ 87, 3b). Ihre Etymologie ist fraglich[2]); immerhin ist synt. bedeutsam, daß sie offenbar aus einem Hervorhebungselement *t entstanden zu sein scheint, mit dessen Hilfe man wohl zunächst das Pronomen im Satz hervorhob[3]). So ist im Akkad. noch erkennbar, wie sich dieses Element beim selbständigen Pronomen im Gen. und Akk. erst allmählich durchgesetzt hat[4]), und im Ugar. begegnet es beim Pronomen in der 3. Person, um dieses als selbständiges Akk.-Objekt oder Gen.-Attribut zu kennzeichnen: hwt = *huwati „ihn" oder „seiner"[5]); außerdem kann es altassyr. an den Nom. treten: šī und šīt „sie"[6]).

Von hier aus erklärt sich, warum im Hebr. die Partikel אֵת nicht von vornherein synt. eindeutig festgelegt ist. Als Akk.-Zeichen, nicht dagegen zur Verdeutlichung des Gen., begegnet sie in der alten bzw. archaisierenden Poesie seltener als in der jüngeren Dichtung; weit häufiger findet sie sich in der Prosa, wobei auch hier eine Zunahme im späteren Schrifttum festzustellen ist, ohne daß synt. Konsequenz erreicht wäre[7]). Außerdem gibt es in MT einige literarisch sichere Belege, in denen אֵת einwandfrei nicht den Objekts-

---

[1]) J. Friedrich, Phön.-pun. Grammatik, § 255.
[2]) Vgl. etwa BL § 81 k'—l'.
[3]) Vgl. hierzu bereits die Erwägungen in GVG I, § 106 a—e.
[4]) W. v. Soden, Akkad. Grammatik, § 41, 4—5.
[5]) C. H. Gordon, Textbook, § 6, 4.
[6]) W. v. Soden, a. a. O.
[7]) A. M. Wilson, The Particle אֵת in Hebrew. Hebraica 6 (1890), 139—150. 212—224; HS, § 96; J. Hoftijzer, Remarks concerning the use of the particle 't in Classical Hebrew. OTS 14 (1969), 1—99 (Lit. S. 1, Anm. 1).

Akk. regiert, sondern den Nom. nach sich hat und damit das Subjekt hervorhebt[1]); dies gilt vornehmlich vom einfachen (§ 90) und vom zusammengesetzten (§ 92, 4 b) Nominalsatz:

אֶת־כָּל־אֵלֶּה אַנְשֵׁי־חָיִל „alle diese [waren] kriegstüchtige Männer" = „lauter kriegstüchtige Männer" (Jdc. 20, 46), וְאִישׁ אֶת־קָדָשָׁיו לוֹ יִהְיוּ „und ein jeder, seine Opfer — ihm sollen sie gehören" = „jedem soll sein Opfer gehören" (Nu. 5, 10), אֵת כָּל־הָרָעָה הַזֹּאת בָּאָה עָלֵינוּ „was all dieses Unheil angeht — es ist über uns gekommen" = „all dies Unheil ist über uns gekommen" (Da. 9, 13); zum Verbalsatz vgl.: אַל־יֵרַע בְּעֵינֶיךָ אֶת־הַדָּבָר הַזֶּה „diese Angelegenheit sei nicht unrecht in deinen Augen" = „laß dich das nicht anfechten" (2 S. 11, 25).

Daß hier ein Sachverhalt vorliegt, der nicht mehr hinwegzudiskutieren ist, beweist die neuerdings von J. Macdonald herausgegebene Sam.Chronik II[2]); unbeschadet dessen, daß diese Chronik eine Bearbeitung biblischer Traditionen darstellt, wird man doch kaum daran zweifeln können, daß der zugrunde liegende Text nicht ohne weiteres mit MT identisch ist und wahrscheinlich letztlich auf vormas. Überlieferung zurückgeht[3]). Hier begegnet die Partikel את relativ oft sowohl im biblischen Grundtext als auch in den Erweite-

---

[1]) Anders J. Blau, Zum angeblichen Gebrauch von ’t vor dem Nominativ. VT 4 (1954), 7—19; Beer-Meyer II, § 95, 1. Die angeführte Meinung ist nach dem derzeitigen Erkenntnisstand nicht mehr aufrechtzuerhalten; vgl. besonders P. P. Saydon, Meanings and uses of the Particle ’t. VT 14 (1964), 192—210; R. Meyer, Bemerkungen zur syntaktischen Funktion der sogenannten Nota Accusativi. Elliger-Festschr., (im Druck).

[2]) J. Macdonald, The Samaritan Chronicle No. II (or.: Sepher Ha-Yamim). From Joshua to Nebuchadnezzar. BZAW 107 (Berlin 1969).

[3]) Ebd., 14f.

rungen[1]). Wir beschränken uns auf zwei Beispiele; so entspricht der oben aus MT gegebene Beleg aus 2 S. 11, 25 genau
dem sam. Text[2]), während in dem sam. Objektsatz (§ 114, 2 b)
כִּי הִשְׁלִימוּ אֶת יֹשְׁבֵי גִבְעוֹן אֶת יִשְׂרָאֵל „daß die Bewohner
von Gibeon mit Israel Frieden geschlossen hatten" (Jos. 10,
1)[3]) gegenüber MT das Subjekt יֹשְׁבֵי גִבְעוֹן „die Bewohner
von Gibeon" durch אֶת hervorgehoben ist.

c) Ganz in der aufgezeigten Linie liegt es, wenn das
Mittelhebr. den allgemeinen Gebrauch von אֶת als Hervor-
hebungspartikel aufweist[4]). So fungiert hier אֶת in Verbindung
mit dem Pronominalsuffix der 3. Person als Demonstrativum
in der Bedeutung „jener" und richtet sich damit nach der
synt. Stellung seines Beziehungswortes: אוֹתוֹ הַיּוֹם וְאוֹתוֹ
הָאִישׁ „jener Tag und jener Mann" ('Aboda zara 1,3), בְּאוֹתָהּ
שָׁעָה „in demselben Augenblick" (Sanhedrin 3, 4); daneben kann sie einen mit der Relativpartikel -שֶׁ beginnenden
Subjektsatz (§ 115, 5a) einleiten: אֶת שֶׁהוּא נִרְאֶה עִמּוֹ
אָסוּר „das, was mit ihm [zusammengehörig] erscheint, ist
verboten" ('Aboda zara 4, 1), wozu als älterer Beleg וְטוֹב
מִשְּׁנֵיהֶם אֵת אֲשֶׁר־עֲדֶן לֹא הָיָה „doch glücklicher als sie beide
ist, wer noch nicht geboren ist" (Qoh. 4, 3) zu vergleichen
ist[5]).

2. a) Als Akkusativzeichen wird אֶת in der Regel vor determiniertem (§ 96, 2. 3) Objekt gebraucht: אֵת הַשָּׁמַיִם
וְאֵת הָאָרֶץ „den Himmel und die Erde" (Gn. 1, 1) neben

---

[1]) Vgl. ebd., 215; ferner ders., The Particle 'et in classical
Hebrew: some new data on its use with the nominative. VT 14
(1964), 264—275.
[2]) Sam. Chron. II, 56.
[3]) Ebd., 20.
[4]) Vgl. zum Folgenden K. Albrecht, Neuhebr. Grammatik,
§ 30f—g; M. H. Segal, Mishnaic Hebrew, §§ 416—417.
[5]) Vgl. A. Kropat, Syntax, 2.

älterem בְּיוֹם עֲשׂוֹת יְהוָה אֱלֹהִים אֶרֶץ וְשָׁמַיִם „als Gott Jahwe Erde und Himmel schuf" (ebd. 2, 4b); ferner vor כֹּל „Gesamtheit", das als logisch determiniert gilt: נָתַתִּי לָכֶם אֶת־כָּל־עֵשֶׂב „ich gebe euch alles Kraut" (ebd. 1, 29), sowie vor Gattungsbegriffen: וְכִי־יִגַּח שׁוֹר אֶת־אִישׁ אוֹ אֶת־אִשָּׁה „wenn ein Rind einen Mann oder eine Frau stößt" (Ex. 21, 28); ebenso kann die Partikel vor Zahlenangaben gebraucht werden: וַיַּעֲזֹב הַמֶּלֶךְ אֵת עֶשֶׂר נָשִׁים פִּלַגְשִׁים „und der König ließ zehn Nebenfrauen zurück" (2 S. 15, 16), mitunter zur Betonung der Menge: וְלֹא הֲרֵעֹתִי אֶת־אַחַד מֵהֶם „und nicht habe ich einen einzigen von ihnen geschädigt" (Nu. 16, 15); dergleichen vor Objekten, die durch einen Attributsatz näher bestimmt sind: וְהָסִירוּ אֶת־אֱלֹהִים אֲשֶׁר עָבְדוּ אֲבוֹתֵיכֶם „und beseitigt die Götter, denen eure Väter gedient haben" (Jos. 24, 14).

b) Pronominales Objekt lautet אֵת mit Suffix, wenn es vorausteht: אֹתְכָה הָרַגְתִּי „dich hätte ich getötet" (Nu. 22, 33); ferner, wenn das Verbum bereits suff. ist: וְהִרְאַנִי אֹתוֹ „und er wird mich ihn sehen lassen" (2 S. 15, 25), oder wenn noch ein weiteres Objekt folgt: וַתִּבְלַע אֹתָם וְאֶת־בָּתֵּיהֶם „und sie verschlang sie und ihre Häuser" (Nu. 16, 32); schließlich dient es der synt. Verdeutlichung: לְבִלְתִּי הַכּוֹת־אֹתוֹ „daß keiner ihn erschlüge" (Gn. 4, 15).

3. a) Direktes Objekt haben die Verben der Fülle, des Stoffes und des Bekleidens samt ihrem Gegenteil: כִּי־מָלְאָה הָאָרֶץ חָמָס „denn die Erde ist voll von Gewalttat" (Gn. 6, 13), וּפָשַׁט אֶת־בְּגָדָיו וְלָבַשׁ בְּגָדִים אֲחֵרִים „und er soll seine Kleider aus- und andere anziehen" (Lv. 6, 4), so auch in dem analog gebildeten Nominalsatz הַמְעַט־לָנוּ אֶת־עֲוֹן פְּעוֹר

„haben wir noch nicht genug an der Missetat mit Peor?"
(Jos. 22, 17).

b) Dasselbe Objekt kann auch nach שָׁכַן יָשַׁב „wohnen"
oder גוּר „sich aufhalten" stehen; z. B. יָגוּר אֳנִיּוֹת „er ver-
weilt bei den Schiffen" (Jdc. 5, 17); so wohl auch: חֶרֶב
מֶלֶךְ־בָּבֶל תְּבוֹאֶךָ „das Schwert des Königs von Babylon
kommt zu dir" (Ez. 32, 11).

4. Das innere Objekt, das nach trans. und intrans. Verben
stehen kann (s. u. 1a), wird vielfach von gleicher Wz. gebildet; z. B. תַּדְשֵׁא הָאָרֶץ דֶּשֶׁא „die Erde lasse junges Grün
sprießen" (Gn. 1, 11), מָעַל מַעַל בַּחֵרֶם „er verging sich am
Banngut" (Jos. 22, 20), וַיִּבְכּוּ בְּכִי גָדוֹל „und sie weinten
laut" (Jdc. 21, 2), בּוֹצֵעַ בָּצַע „ein nach unrechtem Gewinn
Trachtender" (Prv. 15, 27). Traditionell wird auch der Inf.
abs., der an ein finites Verbum zur Verstärkung der Aussage
herantreten kann, als inneres Objekt betrachtet; doch ist es
nach Ausweis der ugar. Analogien wahrscheinlicher, daß es
sich hierbei eher um eine verbal-nominale Apposition handelt,
die im isolierten Nom. steht; vgl. § 103, 3b.

5. a) Doppeltes Akk.-Objekt steht bei Kausativformen
von im Qal trans. Verben: וְהִנֵּה הֶרְאָה אֹתִי אֱלֹהִים גַּם
אֶת־זַרְעֶךָ „siehe, Gott ließ mich sogar deine Nachkommen
sehen" (Gn. 48, 11); desgleichen, wo das Qal den Akk. des
Stoffes (s. u. 3a) regiert: וַיְמַלְאוּ אֶת־כְּלֵיהֶם בָּר „und sie
füllten ihre Säcke mit Getreide" (Gn. 42, 25).

b) Ferner kann ein doppeltes Akk.-Objekt bei Verben
stehen, die ein Machen zu etwas, ein Halten für etwas
oder eine Benennung ausdrücken; z. B. וַיִּבְנֶה אֶת־הָאֲבָנִים
מִזְבֵּחַ „und er baute von den Steinen einen Altar" (1 R. 18,
32); וַיְשִׂימֶהָ תֵּל־עוֹלָם „und er machte es (sc. Ai) zu einem

Trümmerhaufen für alle Zeit" (Jos. 8, 28); ... וַיַּחְשְׁבֶהָ
צְדָקָה „und er rechnete es ... als Gerechtigkeit an" (Gn.
15, 6), וַיִּקְרָא אֶתְהֶן חַוֹּת יָאִיר „und er nannte sie die Zelt-
dörfer Jairs" (Nu. 32, 41); so wohl auch mit Vorwegnahme
des pronominalen Objekts: אֹתוֹ הֵחֵל לִבְנוֹת מִזְבֵּחַ לַיהוָה „das
ist der erste Altar, den er Jahwe erbaute" (1 S. 14, 35).

c) Hierzu kommen zahlreiche weitere Verben unterschiedlicher Bedeutung, z. B. עָנָה „antworten", שָׁאַל „fragen",
צִוָּה „befehlen", בֵּרַךְ „segnen"; vgl. etwa יַעַנְךָ אָבִיךָ קָשָׁה
„[wenn] dein Vater dir hart antwortet" (1 S. 20, 10), וַיָּשִׁבוּ
אוֹתָם דָּבָר „und sie erstatteten ihnen Bericht" (Jos. 22, 32),
אַתָּה גְּמַלְתַּנִי הַטּוֹבָה „du hast mir Gutes erwiesen" (1 S. 24,
18).

§ 106. Der adverbielle Akkusativ

1. Synt. eng verwandt mit dem Objekt ist die adv. Bestimmung[1]). Während aber das Objekt diejenige Prädikats-
erweiterung darstellt, die entweder die Person oder den
Gegenstand bezeichnet, auf den die Handlung des übergeordneten Verbums abzielt, oder das aus dem verbalen
Vorgang resultierende Ergebnis angibt, zeigt die adv. Bestimmung den Umstand an, unter dem eine solche Handlung
stattfindet. Derartige Näherbestimmungen können sich auf
den Ort, die Zeit, das Maß, die Beziehung, den Grund sowie
die Art und Weise erstrecken.

2. a) Der adv. Akk. des Ortes steht auf die Frage „wohin?": וַיֵּלֶךְ עֵשָׂו הַשָּׂדֶה „und Esau ging auf das Feld" (Gn.
27, 5), zuweilen wird er nach § 45, 3c verstärkt: וַיָּבֹא
הָאִישׁ הַבַּיְתָה „und der Mann ging in das Haus" (Gn. 24, 32).

---

[1]) E. Kautzsch, Grammatik, § 118; HS, §§ 100—104.

Die Grenzen zwischen diesem Richtungs-Akk. und dem Akk.-Objekt sind infolge des ursprünglichen Zielcharakters dieses Kasus zuweilen fließend; so kann nach § 105, 3b ein Verbum der Bewegung wie בּוֹא „kommen" auch ein direktes Objekt regieren. Bei cstr. פֶּתַח „Eingang" und בֵּית begegnet auch auf die Frage „wo?" der Akk., vielleicht nach Schwund eines vorhergehenden בְּ „in": וְהוּא יֹשֵׁב פֶּתַח־הָאֹהֶל „und er saß im Zelteingang" (Gn. 18, 1); vgl. hierzu auch § 28, 1 und ugar. bt = *bēta neben bbt = *babēti „im Hause"[1].

b) Adv.-Bestimmungen der Zeit sind z. B.: עֶרֶב „am Abend", בֹּקֶר „früh", הַיּוֹם „heute" oder „damals", יוֹם אֶחָד „an einem und demselben Tage" (Gn. 27, 45); zu יוֹמָם „bei Tage" vgl. § 41, 6. Zur Angabe der Zeitdauer seien angeführt: עוֹלָמִים „für ewige Zeiten" (1 R. 8, 13), mit Determination nach vorhergehender Einführung: אֶת שִׁבְעַת הַיָּמִים „die sieben Tage lang" (Ex. 13, 7) und reduplizierend יוֹם יוֹם „täglich", „Tag für Tag" (Gn. 39, 10).

c) Das Adv. des Maßes und der räumlichen Ausdehnung begegnet z. B. in חָמֵשׁ עֶשְׂרֵה אַמָּה מִלְמַעְלָה „15 Ellen darüber hinaus" (Gn. 7, 20), וַיִּפֹּל מְלֹא־קוֹמָתוֹ אַרְצָה „da fiel er der Länge nach zu Boden" (1 S. 28, 20); ebenso stehen Multiplicativa (§ 60, 5) wie אַחַת „einmal", אַרְבַּעְתָּיִם „vierfach" oder פַּעַם אַחַת „einmal" synt. im adv. Akkusativ.

d) Ferner drückt der adv. Akk. die Beziehung aus: חָלָה אֶת־רַגְלָיו „er litt an den Füßen" (1 R. 15, 23), וַיַּכֵּהוּ . . . הַחֹמֶשׁ „und er schlug ihn . . . auf den Unterleib" (2 S. 3, 27); וַיִּתְנַכְּלוּ אֹתוֹ „und sie machten einen Anschlag gegen ihn" (Gn. 37, 18).

---

[1] C. H. Gordon, Textbook, § 10, 4.

e) Nur spärlich ist der Akk. des Grundes bei Abstraktbegriffen belegt; das bekannteste Beispiel lautet: לֹא־תָבוֹא

שָׁמָּה יִרְאַת שָׁמִיר וָשָׁיִת „man geht aus Furcht vor Dornen und Disteln nicht dorthin" (Jes. 7, 25).

f) Am häufigsten bezeichnet der adv. Akk. Art und Weise einer Handlung, eines Vorganges oder eines Zustandes: מֵישָׁרִים תִּשְׁפְּטוּ בְּנֵי אָדָם „richtet ihr die Leute gerecht?" (Ps. 58, 2), וַאֲבַדְתֶּם מְהֵרָה „so daß ihr bald vertilgt werdet" (Dt. 11, 17), הָלֹךְ עָרוֹם וְיָחֵף „indem er nackt und barfuß einherging" (Jes. 20, 2; vgl. § 103, 4f), עָרוֹם הִלְּכוּ „nackt gehen sie einher" (Hi. 24, 10), לֹא תֵלְכוּ רוֹמָה „ihr sollt nicht [mehr] hochfahrend einhergehen" (Mi. 2, 3), . . . לְהִלָּחֵם

פֶּה אֶחָד „um . . . einmütig zu kämpfen" (Jos. 9, 2), וַיָּבֹאוּ עַל־הָעִיר בֶּטַח „sie überfielen die Stadt [, die] in sorglosem Zustand [war]" (Gn. 34, 25).

§ 107. Die Präpositionalrektion des Verbums

1. Die zahlreichen Präpositionen und präpositionalen Ausdrücke unterschiedlicher Herkunft[1]), zu denen § 87 und die Wörterbücher zu vergleichen sind, stehen nach sem. Sprachempfinden als Nomina im Akk.-Verhältnis zum regierenden Verbum. Ihnen kommt synt. außerordentliche Bedeutung zu. Sie dienen einmal dazu, das feste und daher oft nicht eindeutige Verhältnis zwischen Verbum und Objekt zum Zwecke der Verdeutlichung aufzulockern, wobei auch das Pronominalsuffix präpositional verselbständigt werden kann. Zum anderen kommen die Präpositionen dem Streben entgegen, der Sprache die lapidare Strenge zugunsten der Bequemlichkeit im Ausdruck zu nehmen. Schließlich kann man mit ihrer Hilfe eine Wz. oder auch die von ihr abgelei-

---

[1]) E. Kautzsch, Grammatik, § 119; HS, §§ 105—120.

teten Stämme bedeutungsmäßig variieren und damit das
gleiche Ziel erreichen wie wir durch unsere Komposita.
Allerdings muß man sich hierbei vor einer Schematisierung
hüten, da einige echte Präpositionen von Haus aus ambivalent sind und somit unterschiedliche Beziehungen zwischen
Verbum und Objekt bei gleichem Ausdruck anzeigen können;
es sei nur an die präfigierten Präpositionen בְּ und לְ erinnert,
von denen erstere „in, mit" und „von", letztere dagegen
„zu" und „von" bedeuten kann[1]).

2. a) Obgleich das direkte Objekt (§ 105, 1a) in der Regel
im Akk. steht, so ist doch der auflockernde Gebrauch von לְ
„zu" schon ugar. wahrscheinlich[2]), dürfte also auch für das
Hebr. nicht erst einer späteren Sprachstufe zuzuweisen sein.
Dabei liegt die Annahme nahe, daß die Richtungspartikel
*la um so eher für den Akk. gebraucht werden konnte, als
sie dem Zielcharakter dieses Kasus entspricht, und daß dieser
Anwendungsprozeß von den Verben der Bewegung ausge-
gangen ist. So begegnet bereits ugar. 'ly l- „[etwas] bestei-
gen"[3]), während das gleiche Verbum im Hebr. zwar auch mit
לְ und anderen Präpositionen, daneben aber noch mit dem
Akk. konstruiert werden kann; vgl. etwa מַה־לָּךְ אֵפוֹא
כִּי־עָלִית כֻּלָּךְ לַגַּגּוֹת „was hast du denn, daß du insgesamt
auf die Dächer gestiegen bist?" (Jes. 22, 1) mit וַיַּעַל מִשָּׁם
פְּנוּאֵל „und er zog dort hinauf nach Pnuel" (Jdc. 8, 8). Ohne
Bindung an ein Verbum der Bewegung findet sich der gleiche
Präpositionalgebrauch z. B. in: כַּמַּיִם לַיָּם מְכַסִּים „wie Wasser,
das das Meer bedeckt" (Jes. 11, 9).

b) Auch für den Akk. des Stoffes (§ 105, 3a) tritt zuweilen
eine Präposition ein: לְבוּשׁ מַלְכוּת אֲשֶׁר לָבַשׁ־בּוֹ הַמֶּלֶךְ

---

[1]) C. H. Gordon, Textbook, § 10, 1. 4. 5. 10. 11.
[2]) C. Brockelmann (oben S. 41, Anm. 3), 235.
[3]) Vgl. die Belege in: C. H. Gordon, Textbook, § 10, 10.

„ein königliches Kleid, mit dem der Herrscher bekleidet gewesen war" (Est. 6, 8).

c) Bei שָׁכַן „wohnen", יָשַׁב „wohnen, sich niederlassen", גּוּר „sich aufhalten" und Verben wie בּוֹא „hineingehen, kommen" ist Präpositionalrektion häufiger als direktes Objekt (§ 105, 3b), zumal dadurch die Bedeutung variiert werden kann; vgl. z. B. בּוֹא: mit לְ oder אֶל bedeutet die Wz. „hineingehen, eintreten", übertragen „beiwohnen": בֹּא־נָא אֶל־שִׁפְחָתִי „wohne meiner Sklavin bei!" (Gn. 16, 2), mit אֶת oder עִם „mit jemandem verkehren" (Ps. 26, 4. Prv. 22, 24), mit בְּ der Person „sich mit jemandem einlassen" (1 R. 11, 2) oder der Sache „auf etwas eingehen" (Jer. 34, 10), dagegen mit עַל „über jemand oder etwas herfallen" (Gn. 34, 27).

d) Beim doppelten Akk. kann einmal das affizierte Objekt präpositional regiert werden: וַיִּקְרָא אֱלֹהִים לָאוֹר יוֹם „und Gott nannte das Licht Tag" (Gn. 1, 5), zum anderen auch das effizierte Objekt: וַיִּבֶן ... אֶת־הַצֵּלָע ... לְאִשָּׁה „und er gestaltete ... die Rippe ... zu einer Frau" (ebd. 2, 22).

4. Der adv. Akk. (§ 106) wird weithin durch Präpositionalgebrauch aufgelockert, um eine Verdeutlichung im Ausdruck zu erreichen; vgl. den Gebrauch von מִן „von" in וְלֹא־יָכֹל עוֹד לְהָשִׁיב אֶת־אַבְנֵר דָּבָר מִיִּרְאָתוֹ אֹתוֹ „da vermochte er dem Abner nichts mehr zu erwidern aus Furcht vor ihm" (2 S. 3, 11) mit dem Akk. des Grundes יִרְאַת שָׁמִיר וָשָׁיִת „aus Furcht vor Dornen und Disteln" (Jes. 7, 25; § 106, 2e). Zudem gibt es eine Fülle von synt. Beziehungen, die durch den einfachen Akk. nicht zum Ausdruck gebracht werden können, sondern der Zwischenschaltung von Präpositionen und präpositionalen Begriffen bedürfen; dem im

einzelnen nachzugehen, ist nicht Sache der Grammatik, sondern der Stilistik und des Wörterbuches.

5. Nach § 95, 1a kennt das Hebr. — historisch bedingt — keinen Dativ; vielmehr ist das Dativ-Verhältnis in seinem gesamten Bedeutungsumfang, das nach unserem Sprachverständnis in einem besonderen Kasus zum Ausdruck kommt, im Zielcharakter des Akk. wesensmäßig mit enthalten. Dies wird besonders am Pronominalsuffix beim Verbum deutlich: מִי־יִתְּנֵנִי שָׁמִיר (וָשַׁיִת*[1]) „brächte er mir nur Dornen und Disteln" (Jes. 27, 4), גְּדֵלַנִי כְאָב „er wuchs mir auf, gleichsam wie einem Vater" (Hi. 31, 18). Auf jeden Fall sollte man vermeiden, in derartigen Fällen von einem „Dativ-Suffix" oder gar von „unkorrekter" Ausdrucksweise zu reden. In der Regel wird das Dativ-Verhältnis durch לְ „zu" ausgedrückt: וָאֶתֵּן לָכֶם אֶרֶץ „und ich gab euch ein Land" (Jos. 24, 13). Häufig ist der sogenannte Dativus ethicus: סְעוּ לָכֶם „brecht auf!" (Dt. 1, 7), בְּרַח־לְךָ „fliehe!" (Gn. 27, 43), וַתִּבְטַח לָךְ „und du vertrautest" (Jes. 36, 9); diese Spielart des Dativus commodi ist in der Regel nicht zu übersetzen.

§ 108. Die Verbalrektion

1. Zu einem Verbum kann ein zweites in logischer Unterordnung hinzutreten[2]), die allerdings beim finiten Verbum formal nicht erkennbar ist; lediglich dort, wo statt der finiten Verbform ein Inf. cstr. begegnet, tritt die Hypotaxe auch morphologisch in Erscheinung. Synt. ist zu beachten, daß das regierte Verbum in der Regel den Hauptbegriff enthält und damit inhaltlich maßgebend ist, während das re-

---

[1]) So für MT שַׁיִת; vgl. BH³ und BHS.
[2]) E. Kautzsch, Grammatik, § 120.

gierende Verbum nur modalen oder adv. Charakter aufweist
und damit die Bedeutung des regierten Verbums variiert.
Beide Verben können entweder asyndetisch nebeneinander
stehen oder durch die beiordnende Konjunktion וְ „und"
(§ 88, 1) miteinander verbunden werden.

2. a) Häufig findet sich, wie arab. und aram., ein asyndetisch untergeordnetes Imperf.: לֹא יָדַעְתִּי אֲכַנֶּה „ich
verstehe nicht zu schmeicheln" (Hi. 32, 22); so auch mit
Subjektswechsel: לֹא תוֹסִיפִי יִקְרְאוּ־לָךְ „man soll dich nicht
fernerhin nennen" (Jes. 47, 1).

b) Beim Inf. cstr. erfolgt die Hypotaxe entweder dadurch,
daß er als Akk.-Objekt an das regierende Verbum herantritt
(§ 102,2) oder ihm mit לְ „zu" untergeordnet wird (§ 102,4c);
zum Inf. abs. als Akk.-Objekt vgl. § 103, 2c. Sobald das Part.
verbaler Rektion unterliegt, dürfte es, wie im Arab.[1]), im
Akk. des Zustandes stehen; von den wenigen, sicher belegten
Beispielen vgl. כִּי לֹא יִצְלַח מִזַּרְעוֹ אִישׁ יֹשֵׁב עַל־כִּסֵּא דָוִד
„denn keiner von seinen Nachkommen wird das Glück ha-
ben, auf Davids Thron zu sitzen" (Jer. 22, 30); so auch nach
einem Inf.: כַּהֲתִמְךָ שׁוֹדֵד תּוּשַּׁד „wenn du fertig bist mit
Verwüsten, wirst du verwüstet werden" (Jes. 33, 1).

3. a) Asyndetische Parataxe erfolgt unter formaler oder
sinngemäßer Kongruenz beider Verben; sie ist besonders
häufig beim Imp.: לֶךְ־רֵד „wohlan, steige hinab!" (Ex.
19, 24); ferner לֹא אוֹסִיף עוֹד אֲרַחֵם „ich will mich ferner
nicht mehr erbarmen" (Hos. 1, 6).

b) Bei syndetischer Beiordnung steht וְ „und"; so mit
voller Kongruenz: וַיֹּסֶף אַבְרָהָם וַיִּקַּח אִשָּׁה „und Abraham
nahm abermals eine Frau" (Gn. 25, 1); ferner bei innerer
Abhängigkeit, etwa Imperf. und Perf. cons.: אִם־תִּמָּאֲנוּ

---

[1]) Vgl. H. Reckendorf, Arab. Syntax, § 55.

וּמְרִיתֶם „wenn ihr widerstrebt und widerspenstig seid" (Jes. 1, 20).

§ 109. Der Gebrauch des Passivums

1. a) Ein Pass.-Satz[1]), dessen Subjekt einem Akk. im akt. Satz entspricht, kann bei Verben mit direktem oder innerem Objekt gebildet werden: וַיִּקָּבֵר יוֹאָשׁ „und Joas wurde begraben" (2 R. 13, 13) für akt. *וַיִּקְבְּרוּ אֶת־יוֹאָשׁ „und sie begruben Joas"; הֻגֵּד הֻגַּד לַעֲבָדֶיךָ „deinen Knechten wurde genau gemeldet" (Jos. 9, 24), wörtlich: „ein Gemeldetwerden wurde gemeldet".

b) Häufig steht beim Pass. die 3. Person Sg. unter Voraussetzung eines ungenannten logischen Subjekts („man"), und zwar isoliert: וְאַחֲרַיִךְ לֹא זֻנָּה „und man stellte dir nicht buhlerisch nach" (Ez. 16, 34), oder mit לְ: נִרְפָּא־לָנוּ „wir sind geheilt worden" (Jes. 53, 5), sowie unter Beibehaltung des Akk.-Objektes: וַיֻּגַּד לְרִבְקָה אֶת־דִּבְרֵי עֵשָׂו „und der Rebekka wurden die Worte Esaus gemeldet" (Gn. 27, 42).

2. a) Von zwei Akk.-Objekten wird im Pass. gewöhnlich das nähere Objekt zum neuen Subjekt, während das entferntere Objekt im Akk. beibehalten wird: הָנְחַלְתִּי לִי יַרְחֵי־שָׁוְא „ich bin mit Monaten des Unheils beschenkt worden" (Hi. 7, 3; zu לִי als nicht übersetzten Dativus ethicus vgl. § 107, 5). Aus Stilgründen kann aber auch das entferntere Objekt zum Subjekt werden: וְהָרְאָה [הַנֶּגַע] אֶת־הַכֹּהֵן „und [die Aussatzstelle] soll dem Priester gezeigt werden" (Lv. 13, 49).

b) Ebenso bleibt der Akk. des effizierten Objekts erhalten: שָׁאִיָּה יֻכַּת־שָׁעַר „zu Stücken sind die Tore zerschlagen"

---

[1]) E. Kautzsch, Grammatik; HS, Reg. s. v. Passiv.

(Jes. 24, 12); desgleichen die übrigen Akkusative, z. B. אֲשֶׁר לֹא־יִמּוֹל אֶת־בְּשַׂר עָרְלָתוֹ „der nicht beschnitten ist am Fleische seiner Vorhaut" (Gn. 17, 14).

c) Selten steht doppelter Akk.: יִמָּלֵא כְבוֹדוֹ אֶת־כֹּל הָאָרֶץ „es fülle sich mit seiner Herrlichkeit die ganze Erde" (Ps. 72, 19).

3. a) Das logische Subjekt eines Pass.-Satzes wird gewöhnlich durch לְ eingeführt: וְאִם־בְּאֵלֶּה לֹא תִוָּסְרוּ לִי „und wenn ihr euch hierdurch nicht von mir warnen laßt" (Lv. 26, 23). Dieser Sprachgebrauch läßt sich am ehesten daraus erklären, daß die Präposition לְ nach Ausweis des Ugar. bereits altkan. nicht nur die Richtung, sondern auch die Herkunft angibt[1]). Dem entspricht, daß daneben auch מִן „von" gebraucht wird: לֹא־יִכָּרֵת כָּל־בָּשָׂר עוֹד מִמֵּי הַמַּבּוּל „nicht soll alles Fleisch ferner durch die Wasser der Flut ausgerottet werden" (Gn. 9, 11). In gleicher Funktion wird schließlich בְּ verwendet: בָּאָדָם דָּמוֹ יִשָּׁפֵךְ „durch Menschen soll sein Blut vergossen werden" (Gn. 9, 6); auch die Anwendung von בְּ dürfte letztlich darin begründet sein, daß diese Partikel ebenso wie לְ ambivalent ist und somit ebenfalls die Herkunft bzw. Urheberschaft anzeigen kann.

b) Vielfach jedoch wird das logische Subjekt nicht ausgedrückt (s. u. 1 b); vgl. besonders das unpersönliche Part. Pass. מָקְטָר „es wurde geopfert" (Mal. 1, 11).

§ 110. Das Reflexivverhältnis

1. Die Refl.-Funktionen werden nach § 66, 1 a. b durch Ni. und Hitp. ausgeübt: וַתִּמָּלֵא הָאָרֶץ „und das Land füllte sich" (2 R. 3, 20), הִתְחַזַּק „zeige dich stark!" (1 R. 20, 22).

---

[1]) Vgl. C. H. Gordon, Textbook, § 10, 1.

2. a) Soll darüber hinaus ein Refl.-Verhältnis besonders betont werden, gebraucht man häufig לְ „für": וַיִּקַּח־לוֹ לֶמֶךְ שְׁתֵּי נָשִׁים „da nahm sich Lamech zwei Frauen" (Gn. 4, 19); doch auch andere Präpositionen werden verwendet, z. B. וְאָהַבְתָּ לְרֵעֲךָ כָּמוֹךָ „und du sollst deinen Nächsten lieben wie dich selbst" (Lv. 19, 18).

b) Daneben begegnen häufig Umschreibungen wie נֶפֶשׁ „Seele, Person", לֵב „Herz", קֶרֶב „Inneres": אַהֲבַת נַפְשׁוֹ אֲהֵבוֹ „er liebte ihn wie sich selbst" (1 S. 20, 17). Mittelhebr. ist עֶצֶם „Wesen, selbst" häufig; z. B. אַל תִּפְרוֹשׁ עַצְמְךָ „sondere dich nicht ab" (Pirqe Abot 2, 4).

B. Besondere Arten von Hauptsätzen

§ 111. Der Fragesatz

1. Das Hebr. unterscheidet zwischen der direkten oder unabhängigen Frage[1]) einerseits und der indirekten bzw. abhängigen Frage (§ 114, 4a) anderseits. Beide Frageformen begegnen entweder als Satz- oder als Wortfrage. Erstere fordert dazu auf, sich für oder gegen einen zur Diskussion gestellten Vorgang, eine Handlung oder einen Zustand zu entscheiden; daneben kann sie zur Wahl zwischen mindestens zwei Möglichkeiten herausfordern, wobei man in diesem Falle von der Disjunktivfrage spricht. Die Wortfrage dagegen zielt auf die Näherbestimmung eines einzelnen Satzgliedes ab, das durch ein Fragewort als unbekannt eingeführt wird. Sowohl die Satzfrage als auch die Wortfrage können aus einem Nominal-, einem Verbal- oder einem zusammengesetzten Nominalsatz bestehen.

---

[1]) E. Kautzsch, Grammatik, § 150; HS, §§ 53—56.

2. a) Die einfache direkte Satzfrage wird gewöhnlich durch die Interrogativpartikel הֲ (§ 86, 2) eingeleitet: הֲכִי ‏יֶשׁ־עוֹד אֲשֶׁר נוֹתַר לְבֵית שָׁאוּל‎ „gibt es noch jemanden, der vom Hause Sauls übriggeblieben ist?" (2 S. 9, 1), הַאֵין ‏פֹּה נָבִיא לַיהוָה עוֹד‎ „gibt es hier weiter keinen Propheten Jahwes?" (1 R. 22, 7), הֲשַׂמְתָּ לִבְּךָ עַל־עַבְדִּי אִיּוֹב‎ „hast du auf meinen Knecht Hiob geachtet?" (Hi. 1, 8). Zuweilen fehlt die Einführung, so daß der Interrogativcharakter eines Satzes nur durch Modulation der Rede und etwa durch Wortstellung erkennbar wird: שָׁלוֹם לַנַּעַר לְאַבְשָׁלוֹם‎ „steht es gut um den jungen Mann Absalom?" (2 S. 18, 29), הַמֶּלֶךְ אַתָּה אָמָרְתָּ‎ „hast du, o König, gesagt?" (1 R. 1, 24); so vor allem auch, wenn die Frage mit dem vorhergehenden Satz durch וְ‎ „und" verbunden ist: הוֹרִישׁ . . . וְעַתָּה יְתָה‎ אֶת־הָאֱמֹרִי מִפְּנֵי עַמּוֹ יִשְׂרָאֵל וְאַתָּה תִּירָשֶׁנּוּ‎ „nun aber hat Jahwe . . . die Amoriter vor seinem Volke Israel vertrieben, und ausgerechnet du willst es vertreiben?" (Jdc. 11, 23).

b) Die bejahende Antwort erfolgt durch Wiederholung des in der Satzfrage betonten Wortes, wobei in der Anrede die Umsetzung von der 2. in die 1. Person zu beachten ist: הַאַתָּה יוֹאָב וַיֹּאמֶר אָנִי‎ „bist du Joab? Da sagte er: Ja!" (2 S. 20, 17), הֲתֵלְכִי עִם־הָאִישׁ הַזֶּה וַתֹּאמֶר אֵלֵךְ‎ „willst du mit diesem Manne gehen? Darauf sagte sie: Ja!" (Gn. 24, 58); daneben begegnet auch, wie im Mittelhebr., die Interjektion הֵן‎ (§ 89, 2) als Bejahungspartikel: וַיֹּאמֶר לָבָן הֵן‎ „da sagte Laban: Ja!" (Gn. 30, 34). Für die Negation genügt vielfach einfaches לֹא‎ „nein" oder אַיִן‎ „niemand, nichts": הַאֶפְרָתִי אַתָּה וַיֹּאמֶר | לֹא‎ „bist du aus Ephraim?, und er antwortete: Nein!" (Jdc. 12, 5), וּשְׁאֵלֵךְ וְאָמַר הֲיֵשׁ־פֹּה אִישׁ‎

וְאָמַרְתָּ אָֽיִן „und wenn er dich fragt und sagt: Ist jemand hier?, dann sage: Nein!" (Jdc. 4, 20).

c) Die Satzfrage braucht nicht nur auf eine echte Entscheidung abzuzielen, sondern kann auch als rhetorische Frage die Antwort bereits enthalten und somit einen verstärkten Aussagesatz darstellen. Wird eine bejahende Antwort erwartet, so wird zuweilen das Interrogativum הֲ angewandt: הֲמִן־הָעֵץ ... אָכָֽלְתָּ „hast du etwa von dem Baume ... gegessen?" (Gn. 3, 11), הֲכִי־אָחִי אַתָּה „du bist doch mein Verwandter!" (Gn. 29, 15), הַיְדַעְתֶּם „ihr wißt doch!" (1 R. 22, 3), הֲזֹאת יָדַעְתָּ מִנִּי־עַד „weißt du dies nicht von alters her?" (Hi. 20, 4); häufiger ist allerdings die Einführung durch הֲלֹא „nicht wahr?": הֲלֹא־הִיא כְתוּבָה „ist das nicht aufgezeichnet?" (Jos. 10, 13) neben affirmativem הִנֵּה כְתוּבָה „es ist ja aufgezeichnet" (2 S. 1, 18), הֲלוֹא אֶת־יִשְׂרָאֵל הֶעֱלֵיתִי מֵאֶרֶץ מִצְרַיִם „habe ich nicht Israel heraufgeführt aus Ägyptenland?" (Am. 9, 7); auch bei der rhetorischen Frage kann das Interrogativum wegfallen: וַאֲנִי לֹא אָחוּס „und ich sollte nicht schonen?" (Jon. 4, 11).

Wird eine verneinende Antwort oder Bestätigung vorausgesetzt, so wird in der Regel הֲ gebraucht: הֲשֹׁמֵר אָחִי אָנֹכִי „bin ich denn meines Bruders Hüter?" (Gn. 4, 9), אִם־יָמוּת גֶּבֶר הֲיִחְיֶה „stirbt der Mensch, lebt er gewiß nicht wieder auf" (Hi. 14, 14), הַאַתָּה תִּבְנֶה־לִּי בַיִת „solltest etwa du mir einen Tempel bauen?" (2 S. 7, 5). Daneben wird, wenngleich selten, אִם gebraucht: אִם־כְּחֹמֶר הַיֹּצֵר יֵחָשֵׁב „wird etwa der Töpfer dem Ton gleichgeachtet?" (Jes. 29, 16).

3. Die Disjunktivfrage[1]) begegnet in der Regel als Doppelfrage, daneben aber auch als Fragekette.

---

¹) HS, § 136.

a) Bei der Doppelfrage hat in der Regel das erste Glied הַ[1]),
das zweite meist אִם bzw. וְאִם mit der Kopula als Satztrenner (§ 112, 3 a), seltener אוֹ „oder": הַאוֹסִף עוֹד לָצֵאת
לַמִּלְחָמָה ... אִם־אֶחְדָּל „soll ich nochmals zum Kampfe ...
ausziehen, oder soll ich davon abstehen?" (Jdc. 20, 28),
auch kann das zweite Glied einfach durch Negation ersetzt
werden: הֲיֵשׁ יְהוָה בְּקִרְבֵּנוּ אִם־אָיִן „ist Jahwe unter uns
oder nicht?" (Ex. 17, 7); zur disjunktiven Fragekette vgl.
הֲתָבוֹא לְךָ (שָׁלוֹשׁ[2]־שָׁנִים רָעָב בְּאַרְצֶךָ אִם־שְׁלֹשָׁה חֳדָשִׁים נֻסְךָ
לִפְנֵי־צָרֶיךָ ... וְאִם־הֱיוֹת שְׁלֹשֶׁת יָמִים דֶּבֶר בְּאַרְצֶךָ „soll für
drei Jahre Hungersnot in dein Land kommen, oder willst
du drei Monate lang vor deinen Feinden auf der Flucht
sein ..., oder soll drei Tage Pest in deinem Lande wüten?"
(2 S. 24, 13).

b) Die Disjunktivfrage wird durch Wiederholung der vom
Angesprochenen gewählten Möglichkeit beantwortet: הֲנֵלֵךְ
לַמִּלְחָמָה אִם־נֶחְדָּל ... „sollen wir ... in den
Krieg ziehen oder [davon] abstehen? ... Zieh hinauf, und
du wirst Glück haben!" (1 R. 22, 15); ebenso kann eine
komplexe Antwort erfolgen: הֲיֵשׁ־לָכֶם אָב אוֹ־אָח ... יֶשׁ־לָנוּ
אָב זָקֵן וְיֶלֶד זְקֻנִים קָטָן „habt ihr noch Vater oder Bruder? ... Wir haben noch einen betagten Vater und einen
[ihm] im Alter [geborenen] Knaben" (Gn. 44, 19f.), וַיֹּאמֶר
לוֹ הֲלָנוּ אַתָּה אִם־לְצָרֵינוּ וַיֹּאמֶר | לֹא כִּי אֲנִי שַׂר־צְבָא־יְהוָה
„er sprach zu ihm: Gehörst du zu uns oder zu unseren Fein-
den? Er antwortete: Nein! Ich bin vielmehr der Befehls-
haber des Heeres Jahwes" (Jos. 5, 13f.).

---

[1]) Zu אִם beim ersten Glied vgl. Hi. 6, 12.

[2]) So mit 1 Ch. 21, 12 für שֶׁבַע „sieben".

c) Häufig findet sich rhetorischer Gebrauch: הֲמָלֹךְ תִּמְלֹךְ
עָלֵינוּ אִם־מָשׁוֹל תִּמְשֹׁל בָּנוּ „du willst wohl gar König über
uns werden oder uns beherrschen?" (Gn. 37, 8), so vor
allem auch in der prosodischen Stilform des Parallelismus
membrorum: הֲיִתְפָּאֵר הַגַּרְזֶן עַל הַחֹצֵב בּוֹ אִם־יִתְגַּדֵּל הַמַּשּׂוֹר
עַל־מְנִיפוֹ „rühmt sich die Axt gegen den, der damit schlägt,
oder brüstet sich die Säge gegenüber dem, der sie zieht?"
(Jes. 10, 15).

4. a) Die Wortfrage wird entweder durch ein Fragepronomen oder ein Interrogativadverbium eingeleitet (§ 31,
2): מִי־הָאִישׁ הַלָּזֶה „wer ist dieser Mann?" (Gn. 24, 65),
מַה־זֹּאת עָשִׂיתָ לִי לָמָה „wer seid ihr?" (2 R. 10, 13), מִי אַתֶּם
לֹא־הִגַּדְתָּ לִי „was hast du mir angetan, warum hast du
mir nicht mitgeteilt?" (Gn. 12, 18).

b) Die Antwort kann in einem einzelnen Begriffe oder in
einem ganzen Satze bestehen: מִי־אַתְּ וַתֹּאמֶר אָנֹכִי רוּת אֲמָתֶךָ
„wer bist du? Sie sprach: Ich bin Ruth, deine Magd" (Ru. 3, 9),
מַה־זֹּאת עָשִׂית וַתֹּאמֶר הָאִשָּׁה הַנָּחָשׁ הִשִּׁיאַנִי וָאֹכֵל „warum hast
du das getan? Da sagte die Frau: Die Schlange hat mich
verführt, so daß ich aß" (Gn. 3, 13).

c) Häufig wird die Wortfrage rhetorisch gebraucht:
וּמַה־נִּצְטַדָּק „und wie sollen wir uns rechtfertigen?" (Gn.
44, 16), מַה־לִּי עוֹד וּמַה־זֶּה תֹּאמְרוּ אֵלַי מַה־לָּךְ „was bleibt
mir da noch? Und wie könnt ihr da noch zu mir sagen: Was
willst du?" (Jdc. 18, 24), so auch dichterisch: אֵיכָה הָיְתָה
לְזוֹנָה קִרְיָה נֶאֱמָנָה „wie ist zur Dirne geworden die treue
Stadt!" (Jes. 1, 21), und sprichwörtlich: מַה־לַתֶּבֶן אֶת־הַבָּר
„was hat das Stroh mit dem Korn gemein?" (Jer. 23, 28).

d) Eine Abart der rhetorischen Wortfrage stellt der interrogativische Wunschsatz[1]) dar: מִי יַאֲכִלֵנוּ בָּשָׂר „hätten wir doch Fleisch zu essen!", wörtlich: „wer gibt uns Fleisch zu essen?" (Nu. 11, 4), מִי־יְשִׂמֵנִי שֹׁפֵט בָּאָרֶץ „o würde man mich doch als Richter im Lande einsetzen!" (2 S.15,4); zum konditionalen Wunschsatz vgl. § 122, 5.

§ 112. Koordinierte und subordinierte Hauptsätze

1. Nach § 3, 2i herrscht im sem. Satzgefüge primär die Beiordnung oder Parataxe. Dabei stehen die einzelnen Sätze entweder asyndetisch nebeneinander, oder sie werden durch beiordnende Konjunktionen miteinander verbunden[2]). Logisch gesehen, kann dieses Nebeneinander sowohl Koordination als auch Subordination bedeuten. So sind auch die untergeordneten Sätze, die wir auf Grund ihres Stellenwertes als Nebensätze bezeichnen, ihrer Struktur nach Hauptsätze. Sie zeichnen sich nicht durch besondere Wortstellung aus; denn dort, wo in koordinierten Doppelsätzen Chiasmus in der Anordnung der Satzteile begegnet, handelt es sich nicht um eine Frage der Syntax, sondern der Stilistik[3]), wie etwa in: וַיְקַנְאוּ־בוֹ אֶחָיו וְאָבִיו שָׁמַר אֶת־הַדָּבָר „und es wurden neidisch auf ihn seine Brüder, aber sein Vater merkte sich die Sache" (Gn. 37, 11). Hierzu kommt, daß die meisten Konjunktionen keine eindeutigen Merkmale der Subordination enthalten.

2. Syndetische Beiordnung erfolgt durch koordinierende Konjunktionen (§ 88, 2a); z. B. אוֹ רָאָה אוֹ יָדָע „sei es, daß er es gesehen oder erfahren hat" (Lv. 5, 1), אִם־טוֹב וְאִם־רָע „es sei es gut oder es sei unheilvoll, . . . בְּקוֹל יְהוָה נִשְׁמָע

---

[1]) E. Kautzsch, Grammatik, § 150, 1; HS, § 9.
[2]) E. Kautzsch, Grammatik, §§ 154. 156; HS, §§ 133—139. Zum hebr. Satzgefüge vgl. ferner Th. J. Meek, The Syntax of the Sentence in Hebrew. JBL 69 (1945), 1—13.
[3]) Anders, doch schwerlich mit Recht, HS, § 138.

auf die Stimme Jahwes ... wollen wir hören" (Jer. 42, 6), גַּם־קֹב לֹא תִקֳּבֶנּוּ גַּם־בָּרֵךְ לֹא תְבָרֲכֶנּוּ „kannst du es schon nicht verfluchen, so sollst du es wenigstens nicht segnen!" (Nu. 23, 25), בָּאנוּ אֶל־הָאָרֶץ אֲשֶׁר שְׁלַחְתָּנוּ וְגַם זָבַת חָלָב וּדְבַשׁ הוּא ... אֶפֶס כִּי־עַז הָעָם הַיֹּשֵׁב בָּאָרֶץ „wir sind in das Land gekommen, in das du uns geschickt hast; es fließt zwar über von Milch und Honig ..., aber das Volk ist stark, das im Lande wohnt" (Nu. 13, 27 f.; zu הוּא für הִיא vgl. § 17, 2).

3. a) Die weitaus häufigste Beiordnung findet durch Waw cop. statt. Allerdings fungiert diese Bindepartikel nicht nur als die Konjunktion „und", sondern sie spielt vielfach die Rolle eines Satztrenners, der den Beginn eines neuen Satzes innerhalb des synt. Gefüges anzeigt und dementsprechend nicht mit ins Deutsche zu übertragen ist; das gilt etwa von der Wortfolge אִם־טוֹב וְאִם־רָע „es sei gut, oder es sei böse" (s. u. 2), wo וְ vor אִם unserem Komma entspricht. Von den zahlreichen Funktionen des Waw cop. als koordinierender Konjunktion seien der adversative und der erklärende Gebrauch hervorgehoben: קָרְבַּן רֵאשִׁית תַּקְרִיבוּ אֹתָם ... וְאֶל־הַמִּזְבֵּחַ לֹא־יַעֲלוּ „als Erstlingsgabe mögt ihr sie darbringen ..., aber auf den Altar dürfen sie nicht kommen" (Lv. 2, 12), וַיִּשְׂרֹף אֶת־בֵּית־יְהוָה וְאֶת־בֵּית הַמֶּלֶךְ וְאֵת כָּל־בָּתֵּי יְרוּשָׁלַםִ (וְאֶת־כָּל־בֵּית* גָּדוֹל שָׂרַף בָּאֵשׁ „und er verbrannte den Jahwetempel, den Königspalast und alle Häuser in Jerusalem; das heißt, er verbrannte [nur] jedes große Haus mit Feuer" (2 R. 25, 9).

b) Logische Subordination liegt dann vor, wenn Waw cop. einen Vergleichssatz (§ 116, 1) einleitet, oder final (§ 117, 1), konsekutiv (§ 118, 1), konzessiv (§ 119, 1) und kausal (§ 120, 1) fungiert.

---

¹) Statt tib. בֵּית; vgl. BH³ zur Stelle.

4. Als untergeordneter Hauptsatz besitzt der Umstands-
oder Modalsatz synt. große Bedeutung. Häufig als Nominal-,
doch auch als Verbalsatz ist er dem übergeordneten Satze
teils asyndetisch, teils syndetisch durch וְ „und" logisch subordiniert.

a) Modale Nominalsätze sind z. B. asyndetisch: וַיִּתְקָעֵם

בְּלֵב אַבְשָׁלוֹם עוֹדֶנּוּ חַי „da stieß er sie (sc. die Speere) in Ab-
saloms Herz, während er noch lebte" (2 S. 18, 14); syndetisch: וַיֵּרָא אֵלָיו יְהֹוָה ... וְהוּא יֹשֵׁב פֶּתַח־הָאֹהֶל „und Jahwe
erschien ihm ..., während er im Zelteingang saß" (Gn. 18,
1), לֹא־אֶהְיֶה חֹבֵשׁ וּבְבֵיתִי אֵין לֶחֶם וְאֵין שִׂמְלָה „ich mag nicht
Wundarzt sein, während in meinem Hause weder Brot noch
Mantel ist" (Jes. 3, 7); vgl. auch § 115, 2a. 3a.

b) Modale Verbalsätze stehen anscheinend häufiger
asyndetisch: וַיַּקְשׁוּ אֶת־עָרְפָּם הֵרֵעוּ מֵאֲבוֹתָם „und sie steif-
ten ihre Nacken, wobei sie schlimmer handelten als ihre
Väter" (Jer. 7, 26); vielfach sind sie verneint und können
adv. wiedergegeben werden: תְּבוֹאֵהוּ שׁוֹאָה לֹא־יֵדָע „Ver-
derben überkomme ihn unversehens" (Ps. 35, 8), וְהִכָּם

לְפִי־חֶרֶב לֹא־יָחוּס עֲלֵיהֶם וְלֹא יַחְמֹל וְלֹא יְרַחֵם „und er wird
sie schlagen mit der Schärfe des Schwertes ohne Mitleid,
Schonung und Erbarmen" (Jer. 21, 7).

C. Der abhängige Satz

§ 113. Der Subjektsatz

1. a) Innerhalb eines Satzgefüges besteht das Subjekt des
regierenden Satzes zuweilen in einem logisch subordinierten Hauptsatz[1]; z. B. asyndetisch: כִּי תוֹעֲבַת מִצְרַיִם

---

[1] Th. J. Meek (oben S. 90, Anm. 2), 7; HS, § 141.

נִזְבַּח לַיהוָה אֱלֹהֵינוּ „denn es ist den Ägyptern ein Greuel, daß
wir Jahwe, unserem Gott, opfern" (Ex. 8, 22), וַיְהִי מִקֵּץ
אַרְבָּעִים יוֹם וְאַרְבָּעִים לַיְלָה נָתַן יְהוָה אֵלַי „da ereignete es
sich nach vierzig Tagen und vierzig Nächten, daß Jahwe mir
übergab" (Dt. 9, 11); syndetisch: וַיְהִי בָּעֵת הַהִוא וַיֹּאמֶר
„und zu jener Zeit geschah es, daß er sagte" (Gn. 21, 22; zu
הַהוּא für הַהִיא vgl. § 17, 2).

b) Zur Kennzeichnung der Abhängigkeit bedient man sich,
wie bereits im Ugar.[1]), der ihrem ursprünglichen Wesen nach
hinweisenden oder allgemein hervorhebenden[2]) Partikel כִּי
sowie des Relativums אֲשֶׁר (§ 31, 3a) in der Bedeutung
„daß": וַיְהִי כִּי אָרְכוּ־לוֹ שָׁם הַיָּמִים „und es geschah, daß
seine Tage dort lang wurden" (Gn. 26, 8), מַה־בֶּצַע כִּי נַהֲרֹג
אֶת־אָחִינוּ „was nützt es uns, daß wir unseren Bruder erschlagen?" (Gn. 37, 26); טוֹב אֲשֶׁר לֹא־תִדֹּר „es ist besser,
daß du nicht gelobst" (Qoh. 5, 4). So auch וְזֶה אֲשֶׁר תַּעֲשֶׂה
אֹתָהּ „und dies [ist es], wie du sie (sc. die Arche) bauen sollst"
(Gn. 6, 15), wobei es sich hier um einen Nominalsatz handelt,
der aus Subjektsatz und Demonstrativum als Prädikat gebildet ist; vgl. hierzu ferner § 115, 5c.

2. Zum Inf.-Satz vgl. § 102, 4b.

§ 114. Der Objektsatz

1. Verben des Sagens, Wahrnehmens und Empfindens
haben als direktes Objekt häufig Nominal- und Verbalsätze[3]) nach sich. Der Objektsatz umfaßt dementsprechend
auch die abhängige Rede und Frage.

---

[1]) C. H. Gordon, Textbook, § 12, 3.
[2]) Vgl. oben § 91, 2d.
[3]) E. Kautzsch, Grammatik, § 157; Th. J. Meek (oben
S. 90, Anm. 2). 7f.; HS, §§ 143. 160.

2. a) Zum Objektsatz als logisch subordiniertem Hauptsatz vgl. asyndetisch: אִמְרִי־נָא אֲחֹֽתִי אָתְּ „sage doch, du
seist meine Schwester!" (Gn. 12, 13; zur Nesiga vgl. § 21,
3a); syndetisch: וְשָׁמַרְתָּ וְעָשִׂיתָ „und du sollst darauf
achten, daß du befolgst" (Dt. 16, 12), wofür gleichbedeutend
וְשָׁמַרְתָּ וַיְבָרֲכֵנִי יְהוָה לַעֲשׂוֹת (Dt. 6, 3) stehen kann,
„ich habe Anzeichen dafür, daß mich Jahwe gesegnet hat"
(Gn. 30, 27).

b) Subordination erfolgt wie beim Subjektsatz durch
אֲשֶׁר, כִּי (§ 113, 1b) sowie אֶת־אֲשֶׁר, „daß": וַיַּרְא אֱלֹהִים כִּי־
טוֹב „und Gott sah, daß [es] gut [war]" (Gn. 1, 10), כִּשְׁמֹעַ
אִיזֶבֶל כִּי־סֻקַּל נָבוֹת „als Isebel hörte, daß Nabot ge-
steinigt sei" (1 R. 21, 15); וְאַשְׁבִּיעֲךָ . . . אֲשֶׁר לֹא־תִקַּח אִשָּׁה
לִבְנִי מִבְּנוֹת הַכְּנַעֲנִי „und ich will dich ... schwören lassen,
daß du für meinen Sohn keine Frau von den Kanaanäerin-
nen nehmest" (Gn. 24, 3), וַיַּרְא שָׁאוּל אֲשֶׁר־הוּא מַשְׂכִּיל מְאֹד
„und als Saul sah, daß er viel Erfolg hatte" (1 S. 18, 15),
אַל־תִּשְׁכַּח אֵת אֲשֶׁר־הִקְצַפְתָּ „vergiß nicht, daß du er-
zürnt hast" (Dt. 9, 7), כִּי שָׁמַעְנוּ אֵת אֲשֶׁר־הוֹבִישׁ יְהוָה אֶת־מֵי
יַם־סוּף לִפְנֵיכֶם „denn wir haben gehört, daß Jahwe das
Wasser des Schilfmeeres vor euch ausgetrocknet hat" (Jos.
2, 10).

3. Zuweilen wird auch die unabhängige Rede durch כִּי
eingeleitet; z. B. כִּי אָמַרְתִּי פֶּן־אָמוּת עָלֶיהָ „ich sagte es,
um nicht ihretwegen zu sterben" (Gn. 26, 9). Hier liegt offen-
kundig keine subordinierende, sondern eine betonende
Funktion der von Haus aus deiktischen Partikel כִּי vor; vgl.
hierzu die Verwendung von כִּי vor betontem Verbum nach
§ 91, 2d. Ein solches כִּי zu Beginn der Rede sollte man unübersetzt lassen und jedenfalls nicht mit „denn" wiedergeben.

4. a) Die abhängige oder indirekte Frage unterscheidet sich, etwa im Gegensatz zum Deutschen, weder der Wortstellung noch dem Modus nach von der direkten Frage (§ 111, 1), was in dem parataktischen Grundcharakter des hebr. Satzgefüges seine Ursache hat.

b) Sie wird durch הֲ, häufiger durch אִם „ob" eingeleitet: לִרְאוֹת הֲקַלּוּ הַמַּיִם „um zu sehen, ob das Wasser abgenommen hätte" (Gn. 8, 8), [*] לְכוּ דִרְשׁוּ . . . אִם־אֶחְיֶה (מֵחָלְיִי) זֶה „geht und fragt . . ., ob ich von dieser meiner Krankheit genesen werde" (2 R. 1, 2), וּבַקְשׁוּ . . . אִם־יֵשׁ עֹשֶׂה מִשְׁפָּט „und sucht . . ., ob es einen gibt, der Recht übt" (Jer. 5, 1); daneben ist auch אוֹ belegt: מִי יַגִּיד לִי אוֹ מַה־יַּעַנְךָ אָבִיךָ קָשָׁה „wenn mir nur jemand meldete, ob dir dein Vater etwa hart antwortete!" (1 S. 20, 10).

c) Die abhängige Disjunktivfrage lautet gewöhnlich הֲ . . . אִם „ob . . . oder" (§ 111, 3a), daneben הֲ . . . הֲ, wobei im gleichen Satz Wechsel eintreten kann: וּרְאִיתֶם . . . הֶחָזָק הוּא הֲרָפֶה הַמְעַט הוּא אִם־רָב „und ihr sollt sehen, . . . ob es (sc. das Volk) stark oder schwach, klein oder groß ist" (Nu. 13, 18), außerdem begegnet die Folge מִי . . . הֲ . . . אוֹ יוֹדֵעַ הֶחָכָם יִהְיֶה אוֹ סָכָל „wer weiß, ob er weise sein wird oder töricht" (Qoh. 2, 19).

d) Schließlich kann auch die abhängige Frage rhetorisch gestellt und damit zur verstärkten Aussage werden: וּמִי יוֹדֵעַ אִם־לְעֵת כָּזֹאת הִגַּעַתְּ לַמַּלְכוּת „wer weiß, ob du nicht gerade im Hinblick auf eine Zeit wie diese zur Königsherrschaft gelangt bist?" (Est. 4, 14).

---

[1]) So mit G gegen MT מֵחֳלִי; vgl. BH³ zur Stelle.

§ 115. Der Attributsatz

1. Der sogenannte Relativsatz[1]) fungiert als Ergänzung zu den nominalen Teilen eines übergeordneten Satzes; man bezeichnet ihn daher synt. sachgemäßer als Attributsatz, zumal da es ohnehin ein Relativpronomen im landläufigen Sinne im Hebr. nicht gibt. Man hat sowohl attributive Nominal- als auch Verbalsätze; sie können asyndetisch gebildet oder nach § 31, 3 durch Determinative und Demonstrativa eingeleitet werden. Letztere haben lediglich die Aufgabe, den Satz als attributiv untergeordnet herauszuheben, ohne daß hierdurch seine Struktur verändert wird.

2. a) Der asyndetische Attributsatz (vgl. § 3, 2i) steht zu seinem Beziehungswort im ideellen Gen.-Verhältnis, das formal dort erkennbar ist, wo das regierende Nomen im St. cstr. steht: שְׁנוֹת רָאִינוּ רָעָה „Jahre, da wir Unheil sahen" (Ps. 90, 15). Daher ist das Beziehungswort — allerdings nicht regelmäßig, wie im Arab.[2]) — meist indeterminiert; so auch bei häufigem St. abs.: שָׂרִים זָהָב לָהֶם „Fürsten, die Gold besaßen" (Hi. 3, 15), בְּאֶרֶץ לֹא לָהֶם „in einem Lande, das ihnen nicht gehört" (Gn. 15, 13), זְאֵב יִטְרָף „ein räuberischer Wolf" (Gn. 49, 27), לְכָל־יָבוֹא „jedem, der kommt" (Ps. 71, 18), כְּאֵלָה נֹבֶלֶת עָלֶהָ „wie ein Baum, dessen Laub dahinwelkt" (Jes. 1, 30). Ferner bei Eigennamen (§ 96, 2a): יוֹרֵד שְׁאוֹל לֹא יַעֲלֶה „er fährt zum Hades, aus dem er nicht [wieder] heraufsteigt" (Hi. 7, 9), und nach dem Artikel: הָעֵדֶר נִתַּן־לָךְ „die Herde, die dir gegeben wurde" (Jer. 13, 20), אֵי־זֶה הַדֶּרֶךְ יִשְׁכָּן־אוֹר „welcher Weg [führt dorthin, wo] das Licht wohnt?" (Hi. 38, 19).

---

[1]) E. Kautzsch, Grammatik, § 155; HS, §§ 146—158.
[2]) H. Reckendorf, Arab. Syntax, § 200.

b) Der synt. Zusammenhang zwischen dem asyndetischen Attributsatz und seinem Beziehungswort wird oft durch pronominalen Rückverweis hergestellt: אֱלֹהִים לֹא יְדָעוּם „Götter, die sie nicht gekannt hatten" (Dt. 32, 17); daneben ohne denselben: בְּדֶרֶךְ לֹא יָדָעוּ „auf einem Wege, den sie nicht kennen" (Jes. 42, 16).

c) Der Attributsatz kann von einer Präposition (§ 87, 1) abhängen: נִדְרַשְׁתִּי לְלוֹא שָׁאָלוּ „ich war zu erfragen für die, die nicht [nach mir] fragten" (Jes. 65, 1), אַחֲרֵי לֹא־יוֹעִלוּ „hinter denen, die nicht helfen" (Jer. 2, 8).

d) Der sogenannte unabhängige Relativsatz im Nom. und Akk. stellt synt. einen Subjekt- oder Objektsatz dar: תּוֹעֵבָה יִבְחַר בָּכֶם „ein Greuel, wer euch erwählt" (Jes. 41, 24), אֲמַלֵּט ... לֹא־עֹזֵר לוֹ „ich rettete ... den, der keinen Helfer hat" (Hi. 29, 12).

3. a) Der syndetische Attributsatz kann durch die Demonstrativa זֶה, זוֹ und זוּ (§ 31, 1a) eingeleitet werden: יַעֲלוּ הָרִים יֵרְדוּ בְקָעוֹת אֶל־מְקוֹם זֶה יָסַדְתָּ לָהֶם „es hoben sich Berge und senkten sich Täler bis zu dem Ort, den du ihnen bestimmtest" (Ps. 104, 8), לִוְיָתָן זֶה־יָצַרְתָּ לְשַׂחֶק־בּוֹ „Leviathan, den du gebildet hast, um mit ihm zu spielen" (ebd. V. 26), וְעֵדֹתִי זוֹ אֲלַמְּדֵם „und mein Gesetz, das ich sie lehre" (Ps. 132, 12), בְּאֹרַח־זוּ אֲהַלֵּךְ „auf dem Wege, den ich gehe" (ebd. 142, 4). Hierbei handelt es sich um dichterischen Sprachgebrauch; sprachgeschichtlich ist der im Ugar. mit *d*- beginnende Attributsatz zu vergleichen[1]).

b) Nach § 31, 3d kann auch der Artikel הַ als allgemeines und keineswegs nur an ein Nomen gebundenes Determina-

---

[1]) C. H. Gordon, Textbook, § 13, 68. 69.

tivum (§ 32, 1a) einen Attributsatz einleiten; zu den in
§ 31, 3d erwähnten Beispielen seien noch angeführt: וְכֹל
הַהִקְדִּישׁ שְׁמוּאֵל הָרֹאֶה ,,und alles, was der Seher Samuel
gestiftet hatte" (1 Ch. 26, 28), תְּרוּמַת בֵּית־אֱלֹהֵינוּ הֵרִימוּ
הַמֶּלֶךְ וְיֹעֲצָיו וְשָׂרָיו ,,die Weihgabe für den Tempel unse-
res Gottes, die der König, seine Räte und Fürsten ...
gespendet hatten" (Esr. 8, 25); so auch beim Nominalsatz:
וַיָּרֶם הַטַּבָּח אֶת־הַשּׁוֹק וְהֶעָלֶיהָ ,,da trug der Koch die Keule
und das, was an ihr war, auf" (1 S. 9, 24).

4. a) Die gewöhnlichste Relativpartikel ist אֲשֶׁר; im
Gegensatz zu der zuweilen noch vertretenen Annahme, אֲשֶׁר
habe sich aus שַׁ, שֶׁ lautgesetzlich entwickelt[1]), dürfte es wohl
sicher sein, daß es sich hierbei um einen als Konjunktion
gebrauchten adv. Akk. im St. cstr. handelt, der dem akkad.
ašar ,,wo, wohin" — gebildet von ašru ,,Ort" — entspricht:
ašar būlum īkulu, ištû ,,wo das Vieh aß, trank"[2]). Auf Grund
seiner Herkunft — vgl. auch die hebr. Wz. אשר ,,gehen" —
und seiner Funktion liegt also in אֲשֶׁר eine Bezugspartikel
vor, die mit dem ihr folgenden Satz ein ideelles Gen.-Ver-
hältnis eingeht, ohne an sich etwas über dessen synt. Stellung
auszusagen. Zur Verdeutlichung der Funktion von אֲשֶׁר
umschreibt man im Deutschen etwa: ,,..., wo[von gilt]:
..."; d. h., der nachfolgende Satz bleibt, entsprechend dem
parataktischen Charakter des hebr. Satzgefüges, ein Hauptsatz, der ohne die Bezugspartikel seinem Beziehungssatz
auch asyndetisch untergeordnet werden könnte.

Anders als אֲשֶׁר ist שַׁ bzw. שֶׁ (§ 31, 3b), präfigiert gebraucht, ein Demonstrativelement, das — entsprechend dem

---

[1]) So neuerdings HS, § 150c; zur Diskussion vgl. die ebd., Anm.
1 angegebene Lit.

[2]) AHW, 83; vgl. ferner W. v. Soden, Akkad. Grammatik,
§ 114t.

akkad. Determinativum *šu* bzw. *ša*[1]) — einen Attributsatz einführen kann.

b) Das einen Attributsatz regierende Beziehungswort ist meist determiniert, doch begegnet auch Indetermination: ... הֵמָּה הַגִּבֹּרִים אֲשֶׁר „das sind die Helden, die ...'' (Gn. 6, 4), dagegen גּוֹי אֲשֶׁר לֹא־תִשְׁמַע לְשֹׁנוֹ „ein Volk, dessen Sprache du nicht verstehst'' (Dt. 28, 49).

c) Der Zusammenhang im Satzgefüge wird hergestellt durch pronominalen oder adv. Rückverweis: הַנָּבִיא אֲשֶׁר־שְׁלָחוֹ „der Prophet, den er gesandt hatte'' (Jer. 28, 9), אֶרֶץ הַחֲוִילָה אֲשֶׁר־שָׁם הַזָּהָב „das Land Hevila, wo es das Gold gibt'' (Gn. 2, 11); ferner beim Akk. durch proklit. אֶת־, אֵת (§ 87, 3b): וַיֵּדַע אֵת אֲשֶׁר־עָשָׂה־לוֹ „und er erkannte, was er ihm getan hatte'' (Gn. 9, 24); mit Personalkongruenz: אֲנִי יוֹסֵף ... אֲשֶׁר־מְכַרְתֶּם אֹתִי „ich bin Josef ..., den ihr verkauft habt'' (Gn. 45, 4).

Bei synt. Eindeutigkeit fehlt oft der Rückbezug: וַיָּשֶׂם שָׁם אֶת־הָאָדָם אֲשֶׁר יָצָר „und er setzte den Menschen darein, den er gebildet hatte'' (Gn. 2, 8), וְאֶל־כָּל־אֲשֶׁר תִּשְׁלָחֵנוּ נֵלֵךְ „und wohin du uns immer sendest, [dahin] wollen wir gehen'' (Jos. 1, 16); ebenso in Sätzen wie: אֶל־הַמָּקוֹם אֲשֶׁר אָמַר יְהֹוָה אֹתוֹ אֶתֵּן לָכֶם „zu dem Orte, in bezug worauf Jahwe gesagt hat: Ihn will ich euch geben'' (Nu. 10, 29).

5. a) Zuweilen ist das Gen.-Verhältnis, das zwischen der Beziehungspartikel und dem übergeordneten Nomen besteht, auch formal erkennbar, wenn letzteres im St. cstr. steht: בְּיַד אֲשֶׁר שָׂנֵאת „in die Hand dessen, den du (F.) hassest'' (Ez. 23, 28).

---

[1]) W. v. Soden, a. a. O., § 164a.

b) Determinativer Gebrauch von אֲשֶׁר, wie in akkad. *ša*
ḫuṭāri „Szepterträger" („der mit dem Stabe") oder ugar. *d-*
mit folgendem Nomen[1]), liegt z. B. 2 R. 10, 22 vor: וַיֹּאמֶר
לַאֲשֶׁר עַל־הַמֶּלְתָּחָה „und er sprach zu dem [Aufseher] über
die Kleiderkammer".

c) Mit אֲשֶׁר als Determinativ eingeleitete Subjekt- oder
Objektsätze, die man weithin fälschlich als unabhängige
Relativsätze bezeichnet[2]), sind z. B.: וַיֵּרַע בְּעֵינֵי יְהוָה אֲשֶׁר
עָשָׂה „und Jahwe mißfiel, was er getan hatte" (Gn. 38, 10),

„רַבִּים אֲשֶׁר־מֵתוּ בְּאַבְנֵי הַבָּרָד מֵאֲשֶׁר הָרְגוּ בְּנֵי יִשְׂרָאֵל derer,
die an den Hagelkörnern starben, waren zahlreicher als
die, die die Israeliten töteten" (Jos. 10, 11); אַגִּידָה לָכֶם אֵת
אֲשֶׁר־יִקְרָא אֶתְכֶם „ich will euch künden, was euch begegnen
wird" (Gn. 49, 1), so auch ohne Kennzeichnung des Akk.:
הֲרֵעֹתֶם אֲשֶׁר עֲשִׂיתֶם „ihr habt übel gehandelt [in dem], was
ihr getan habt" bzw. „ihr habt daran übel getan" (Gn. 44, 5).

§ 116. Der Vergleichssatz

1. Entsprechend dem parataktischen Grundcharakter des
hebr. Satzgefüges können auch Komparativsätze[3]) wie alle
anderen noch zu besprechenden adv. Nebensätze asyndetisch und syndetisch gebildet werden. Zur Asyndesis vgl.

קֹרֵא דָגַר וְלֹא יָלָד עֹשֶׂה עֹשֶׁר וְלֹא בְמִשְׁפָּט „wie ein Reb-
huhn, das brütet, was es nicht gelegt, ist, wer Reichtum
sammelt auf unrechte Weise" (Jer. 17, 11). Häufiger sind
durch Waw cop. (§ 112, 2b) eingeleitete Komparativsätze:
כִּי־אָדָם לְעָמָל יוּלָד וּבְנֵי־רֶשֶׁף יַגְבִּיהוּ עוּף „denn wie die Fun-

---

[1]) AHW, 362; C. H. Gordon, Textbook, § 13, 71.
[2]) Zur Kritik an der herkömmlichen Auffassung vgl. D. Michel,
Tempora und Satzstellung, 194f.
[3]) E. Kautzsch, Grammatik, § 161.

ken in die Höhe fliegen, so ist der Mensch zur Mühsal geboren", wörtlich: „denn der Mensch ist zur Mühsal geboren, und hoch fliegen die Funken" (Hi. 5, 7); umgekehrt
kann Waw vor dem Hauptsatz stehen: מַצְרֵף לַכֶּסֶף וְכוּר
לַזָּהָב וּבֹחֵן לִבּוֹת יְהוָה „wie der Tiegel für das Silber und
der Schmelzofen für das Gold, so ist Jahwe ein Prüfer der
Herzen" (Prv. 17, 3).

2. In der Regel erfolgt Subordination durch die zusammengesetzte Konjunktion כַּאֲשֶׁר „wie"[1]), oft mit כֵּן „so"
im nachfolgenden Hauptsatz: כַּאֲשֶׁר עָשָׂה כֵּן יֵעָשֶׂה לּוֹ „wie
er getan hat, so soll ihm getan werden" (Lv. 24, 19); daneben steht die einfache Bezugspartikel אֲשֶׁר: ... וּמָלְאוּ בָתֶּיךָ
אֲשֶׁר לֹא־רָאוּ אֲבֹתֶיךָ „und deine Häuser werden angefüllt
sein . . ., wie [es] deine Väter nicht gesehen haben" (Ex. 10,
6), während anderseits die Konjunktion auch wegfallen
kann: בָּגְדָה אִשָּׁה מֵרֵעָהּ כֵּן בְּגַדְתֶּם בִּי „wie eine Frau ihren
Liebhaber betrügt, so seid ihr mir untreu geworden" (Jer.
3, 20). Einmal findet sich die mit dem St. cstr. von
*עֻמָּה „Verbindung" zusammengesetzte Konjunktion כָּל־עֻמַּת[2])
כָּל־עֻמַּת שֶׁבָּא כֵּן יֵלֵךְ „gerade wie einer gekommen ist,
so geht er wieder dahin" (Qoh. 5, 15).

§ 117. Der Finalsatz

1. Wie im Ugar.[3]), so kann auch im Hebr. der Finalsatz[4])
asyndetisch oder durch Waw cop. dem Hauptsatz angereiht

---

[1]) Die gleiche Konjunktion kann auch temporal fungieren;
vgl. § 121, 2b.
[2]) Die mas. Form ist umstritten (BH[3]), doch hat sie eine Entsprechung in Jer. 3, 8 (§ 120, 2a).
[3]) C. H. Gordon, Textbook, § 13, 67.
[4]) E. Kautzsch, Grammatik, § 166.

werden. Von den wenigen Fällen von Asyndesis[1]) in MT ist
als sicher ausgewiesen anzuführen: אַשְׁרֵי | תִּבְחַר וּתְקָרֵב יִשְׁכֹּן
חֲצֵרֶיךָ „wohl dem, den du erwählst und nahen läßt, daß er in
deinen Vorhöfen wohne!" (Ps. 65, 5). Öfter begegnet Syndesis; z. B.: הָבִיאוּ אֶת־אֲחִיכֶם הַקָּטֹן אֵלַי וְאֵדְעָה „bringt
mir euren jüngsten Bruder, damit ich erkenne" (Gn. 42, 34),
שִׁבְרוּ־לָנוּ . . . וְנִחְיֶה וְלֹא נָמוּת „kauft für uns ein . . ., daß
wir leben und nicht sterben" (Gn. 42, 2), בֹּא אֵלֶיהָ וְתֵלֵד
„wohne ihr bei, daß sie gebäre" (Gn. 30, 3).

2. a) Als finale Konjunktionen werden gebraucht: לְמַעַן
לְמַעַן יִיטַב־לִי בַעֲבוּרֵךְ „daß es mir um deinetwillen wohl-
gehe" (Gn. 12, 13); אֲשֶׁר לְמַעַן : לְמַעַן אֲשֶׁר תֵּדְעוּ אֶת־הַדֶּרֶךְ
אֲשֶׁר תֵּלְכוּ־בָהּ „damit ihr wißt, welchen Weg ihr gehen
sollt" (Jos. 3, 4); בַּעֲבוּר : בַּעֲבוּר תְּבָרֶכְךָ נַפְשִׁי „damit ich
dich segne" (Gn. 27, 4); בַּעֲבוּר אֲשֶׁר : בַּעֲבוּר יְבָרֶכְךָ
לְפְנֵי מוֹתוֹ „damit er dich vor seinem Tode segne" (ebd.
V. 10). Daneben steht finales אֲשֶׁר z. B. Dt. 4, 10: וְאֶשְׁמִעֵם
אֶת־דְּבָרַי אֲשֶׁר יִלְמְדוּן „und ich lasse sie meine Worte
hören, damit sie lernen", oder, wie mittelhebr.[2]), שֶׁ : שֶׁיִּרְאוּ
„daß man sich fürchte" (Qoh. 3, 14).

b) Negierte Finalsätze werden in der Regel durch פֶּן „daß
nicht" eingeleitet: וְלֹא תִגְּעוּ בּוֹ פֶּן־תְּמֻתוּן „und nicht sollt
ihr ihn berühren, damit ihr nicht sterbt" (Gn. 3, 3).
Ferner begegnen אֲשֶׁר לֹא יִשְׁמְעוּ אִישׁ שְׂפַת רֵעֵהוּ : אֲשֶׁר לֹא
„daß keiner die Sprache des anderen verstehe" (Gn. 11, 7),
und עַל־דִּבְרַת שֶׁלֹּא יִמְצָא : עַל־דִּבְרַת שֶׁלֹּא „daß nicht":

---

[1]) Vgl. hierzu E. König, Lehrgebäude der hebr. Sprache II 2
(Leipzig 1897), § 396g.
[2]) K. Albrecht, Neuhebr. Grammatik, § 25; M. H. Segal,
Mishnaic Hebrew, § 515.

„daß er nicht finde" (Qoh. 7, 14); zu letzterem vgl. die mittelhebr. Bildung: עַל־מְנָת שֶׁיִּלְקוֹט בְּנוֹ „unter der Bedingung, daß sein Sohn sammelt" (Pe'a 5, 6).

c) לְבִלְתִּי „um nicht" steht gewöhnlich vor Inf.: לְבִלְתִּי אֲכָל־ „nicht zu essen" (Gn. 3, 11); daneben begegnet es auch vor Imperf.: לְבִלְתִּי תֶחֱטָאוּ „damit ihr nicht sündigt" (Ex. 20, 20).

d) Zu אַל „nicht" beim Proh. vgl. § 100, 4d.

3. Zu häufig final gebrauchtem Inf. s. § 102, 4a.

§ 118. Der Konsekutivsatz

1. Auch bei der Wiedergabe der logischen Abfolge[1]) kann Asyndesis herrschen: כִּי־לֹא־אִישׁ כָּמֹנִי אֶעֱנֶנּוּ נָבוֹא יַחְדָּו בַּמִּשְׁפָּט „denn er ist nicht ein Mensch wie ich, so daß ich ihm erwidern könnte und wir zusammen vor Gericht gingen" (Hi. 9, 32). Öfter begegnet Syndesis in verschiedenen Formen; so kann der Folgesatz mit Waw cop. und Jussiv sowohl fragend als auch verneinend gebildet werden: מִי חָכָם וְיָבֵן אֵלֶּה „wer ist so weise, daß er dies verstände?" (Hos. 14, 10), לֹא אִישׁ אֵל וִיכַזֵּב וּבֶן־אָדָם וְיִתְנֶחָם „Gott ist kein Mann, daß er lüge, und kein Mensch, daß er bereue" (Nu. 23, 19); daneben begegnet, sehr altertümlich, Perf. cons. nach einem Part. (§ 104, 3a): מַכֵּה אִישׁ וָמֵת „wenn einer jemanden derart schlägt, daß er stirbt" (Ex. 21, 12). Zum Imperf. cons. im Folgesatz vgl. וַיְהִי אִישׁ מַצְלִיחַ וַיְהִי בְּבֵית אֲדֹנָיו הַמִּצְרִי „und er war ein erfolgreicher Mann, so daß er im Hause seines ägyptischen Herrn bleiben konnte" (Gn. 39, 2).

2. Als Konjunktion dient כִּי: מַה־פִּשְׁעִי ... כִּי דָלַקְתָּ אַחֲרַי „was ist mein Verschulden..., daß du mir so hitzig

---
[1]) E. Kautzsch, Grammatik, § 166; HS, Reg. s. v. Folgesatz.

nachgesetzt hast?" (Gn. 31, 36), מַה־הֹוּא כִּי (¹)תַלִּינוּ עָלָיו
„was ist er, daß ihr wider ihn murrt?" (Nu. 16, 11); ferner
נָתַתִּי לְךָ לֵב חָכָם וְנָבוֹן אֲשֶׁר כָּמֹוךָ לֹא־הָיָה לְפָנֶיךָ :z. B.: אֲשֶׁר
וְאַחֲרֶיךָ לֹא־יָקוּם כָּמֹוךָ „ich habe dir ein [so] verständiges
und einsichtiges Herz gegeben, daß vor dir nicht deinesgleichen gewesen ist und nach dir nicht deinesgleichen auf-
steht" (1 R. 3, 12). Zu לֹא אֲשֶׁר „so daß nicht" vgl. עַם־רָב,
אֲשֶׁר לֹא־יִמָּנֶה „ein Volk so groß, daß es nicht zu zählen
ist" (1 R. 3, 8).

3. Wenn es sich um eine negative Folge handelt, kann
anstelle des Konsekutivsatzes auch die Präposition מִן „von"
(§ 87, 3) im Sinne der Ausschließung vor einem Inf. oder
einem Nomen stehen[2]): הֲתִשְׁכַּח אִשָּׁה עוּלָה מֵרַחֵם בֶּן־בִּטְנָהּ
„vergißt etwa eine Frau ihr kleines Kind, so daß sie sich
nicht des Sohnes ihres Leibes erbarmt?" (Jes. 49, 15), יֵחַת
אֶפְרַיִם מֵעָם „und Ephraim wird zertrümmert werden, so
daß es kein Volk mehr ist" (ebd. 7, 8).

§ 119. Der Konzessivsatz

1. Konzessive Bedeutung[3]) haben zuweilen Sätze, die dem
regierenden Satz mit Waw cop. syndetisch zugeordnet sind:
מַה־תִּתֶּן־לִי וְאָנֹכִי הוֹלֵךְ עֲרִירִי „was willst du mir geben, wo
ich doch kinderlos dahingehe?" (Gn. 15, 2). Asyndesis beim
Konzessivsatz ist meines Wissens in MT nicht belegt.

2. a) Einräumend wird כִּי „selbst wenn" gebraucht:
כִּי הֶהָרִים יָמוּשׁוּ . . . וְחַסְדִּי מֵאִתֵּךְ לֹא־יָמוּשׁ „selbst wenn die

---

[1] So nach dem Qere.
[2] E. Kautzsch, Grammatik, § 119 y; HS, § 111 g.
[3] E. Kautzsch, Grammatik, § 160; HS, § 167.

Berge wanken ..., soll meine Gnade nicht von dir wei-
chen" (Jes. 54, 10), oder אִם „obwohl, wenngleich" mit
Perf.: אִם־צָדַ֫קְתִּי לֹא אֶעֱנֶה „wenngleich ich recht hätte,
dürfte ich nicht antworten" (Hi. 9, 15), häufiger mit Imperf.:
אִם־יִתֶּן־לִי בָלָק מְלֹא בֵיתוֹ ... לֹא אוּכַל לַעֲבֹר „wenngleich
mir Balak die Fülle seines Hauses gäbe ..., könnte ich nicht
übertreten" (Nu. 22, 18). Verstärkend steht גַּם כִּי „wenn
auch": גַּם כִּי־תַרְבּוּ תְפִלָּה אֵינֶ֫נִּי שֹׁמֵעַ „wenn ihr auch noch
soviel betet, höre ich nicht" (Jes. 1, 15), neben גַּם; so z. B.:
גַּם־אֵלֶּה תִשְׁכַּ֫חְנָה וְאָנֹכִי לֹא אֶשְׁכָּחֵךְ „und wenn auch diese
vergessen, so will ich dich doch nicht vergessen" (Jes. 49,
15); schließlich ist עַל belegt: עַל לֹא־חָמָס בְּכַפַּי „obwohl
kein Frevel an meinen Händen ist" (Hi. 16, 17), עַל לֹא־חָמָס
עָשָׂה „obgleich er keine Gewalttat verübt hat" (Jes. 53, 9).

b) Zum Inf. vgl. § 102, 3.

§ 120. Der Kausalsatz

1. Der Begründungssatz[1]), bei dem das Verbum finitum
in der Regel im Perf. steht, kann asyndetisch gebildet
werden: וְנִכְרְתָה הַנֶּ֫פֶשׁ הַהִוא ... אֶת־בְּרִיתִי הֵפַר „und der
Betreffende (§ 31, 4b) soll ausgerottet werden ..., da er
meinen Bund gebrochen hat" (Gn. 17, 14), oder mit Waw
cop.: עַתָּה יָדַ֫עְתִּי כִּי־יְרֵא אֱלֹהִים אַתָּה וְלֹא חָשַׂ֫כְתָּ אֶת־בִּנְךָ
אֶת־יְחִידְךָ מִמֶּ֫נִּי „jetzt weiß ich, daß du gottesfürchtig bist,
weil du mir deinen einzigen Sohn nicht vorenthalten hast"
(Gn. 22, 12).

2. a) Kausale Konjunktionen sind כִּי, wozu ugar. k- zu
vergleichen ist[2]), und אֲשֶׁר „weil": כִּי עָשִׂ֫יתָ זֹּאת אָרוּר אַתָּה

---

[1]) E. Kautzsch, Grammatik, § 158; HS, Reg. s. v. Begründung.
[2]) C. H. Gordon, Textbook, § 13, 63.

„weil du dies getan hast, sollst du verflucht sein" (Gn. 3,
14), ‎נָתַן אֱלֹהִים שְׂכָרִי אֲשֶׁר־נָתַתִּי שִׁפְחָתִי לְאִישִׁי „Gott hat
mir meinen Lohn gegeben, weil ich meinem Manne meine
Magd gegeben habe" (Gn. 30, 18). Hierzu kommen die beiden
adv. Akkusative ‎יַעַן „aus [dem] Anlaß" und ‎עֵקֶב „infolge"
sowie ‎עַל „[des]wegen, [weil]", die den Kausalsatz auch
formal subordinieren: ‎יַעַן לֹא־הֶאֱמַנְתֶּם בִּי „weil ihr mir
nicht vertraut habt" (Nu. 20, 12), ‎עֵקֶב הָיְתָה רוּחַ אַחֶרֶת עִמּוֹ
„darum, daß ein anderer Geist in ihm war" (Nu. 14, 24),
‎עַל לֹא־שָׁמְרוּ תוֹרָתֶךָ „weil man dein Gesetz nicht hält" (Ps.
119, 136); zu letzterem vgl. auch ‎עַל־בְּלִי : עַל־בְּלִי הִגִּיד לוֹ
„weil er ihn nicht merken ließ" (Gn. 31, 20), neben ‎מִבְּלִי „auf
Grund [dessen], daß nicht": ‎מִבְּלִי הִשְׁאִיר־לוֹ כֹּל „weil ihm
[sonst] nichts übriggeblieben ist" (Dt. 28, 55).

Häufig sind die folgenden Zusammensetzungen, die von
dem Bestreben zeugen, das Kausalverhältnis besonders
hervortreten zu lassen: ‎יַעַן כִּי־הָיְתָה : יַעַן כִּי־מְאַסְתֶּם אֶת־יְהוָה „weil
ihr verachtet habt" (Nu. 11, 20), ‎עַל כִּי־עָשׂוּ : עַל כִּי „weil sie
getan hatten" (Jdc. 3, 12), ‎תַּחַת כִּי־שָׂנְאוּ דָעַת : תַּחַת כִּי „weil
sie die Erkenntnis haßten" (Prv. 1, 29), ‎כִּי־עַל־כֵּן wörtlich
„deshalb": ‎כִּי־עַל־כֵּן עֲבַרְתֶּם עַל־עַבְדְּכֶם „da ihr nun einmal bei eurem Knecht vorbeigekommen seid" (Gn. 18, 5);
‎בַּאֲשֶׁר אַתְּ־אִשְׁתּוֹ : בַּאֲשֶׁר „weil du seine Frau bist" (Gn. 39, 9),
‎מֵאֲשֶׁר יָקַרְתָּ בְעֵינַי : מֵאֲשֶׁר „weil du in meinen Augen teuer
bist" (Jes. 43, 3), ‎יַעַן אֲשֶׁר עָשִׂיתָ אֶת־הַדָּבָר הַזֶּה : יַעַן אֲשֶׁר
„weil du das getan hast" (Gn. 22, 16), ‎עַל אֲשֶׁר : עַל אֲשֶׁר
„weil er ihren Bruder Asahel ge- ‎הֵמִית אֶת־עֲשָׂהאֵל אֲחִיהֶם
tötet hatte" (2 S. 3, 30), ‎תַּחַת אֲשֶׁר יָקְרָה נַפְשִׁי : תַּחַת אֲשֶׁר

בְּעֵינֶיךָ הַיּוֹם הַזֶּה „weil dir mein Leben am heutigen Tage teuer gewesen ist" (1 S. 26, 21), עַל־כָּל־אֹדוֹת אֲשֶׁר „gerade weil" (Jer. 3, 8), עַל־דְּבַר אֲשֶׁר „auf Grund dessen, daß" (Dt. 23, 5); עֵקֶב אֲשֶׁר עָשָׂה אֶת־הַדָּבָר הַזֶּה: עֵקֶב אֲשֶׁר „weil er solches getan hat (2 S. 12, 6), עֵקֶב כִּי בְזִתָנִי: עֵקֶב כִּי „weil du mich verachtet hast" (ebd. V. 10).

b) Zum Inf. s. § 102, 3.

§ 121. Der Temporalsatz

1. Im temporalen Satzgefüge unterscheidet man zwischen Gleichzeitigkeit und Vorzeitigkeit. Im ersten Falle beschreibt der Temporalsatz[1]) einen laufenden Vorgang oder einen Zustand, dem die Schilderung im regierenden Satz parallel läuft, im zweiten dagegen gibt er einen abgeschlossenen Vorgang oder einen Zustand wieder, die dem im Hauptsatz Berichteten zeitlich vorangehen und damit dessen Voraussetzung bilden. Infolge des parataktischen Charakters des hebr. Satzgefüges ist die jeweilige Zeitstufe des Temporalsatzes prinzipiell nur aus dem Zusammenhang zu erschließen. Gemildert wird, wie bei den Kausalsätzen, der schwebende Charakter der Aussage dadurch, daß bei Einführung des Temporalsatzes an sich allgemeine Partikeln wie כִּי oder אֲשֶׁר durch Präpositionen näher bestimmt oder Zeitsätze durch Adverbien wie עוֹד „noch" oder טֶרֶם „noch nicht" der Zeitstufe nach fixiert werden. Nachzeitige Temporalsätze, die mitunter auch finalen Charakter haben, werden nicht parataktisch gebildet, sondern durch עַד „bis" subordiniert.

2. a) Bei Gleichzeitigkeit können Zeitsätze asyndetisch gebildet werden: כָּל־אִישׁ זֹבֵחַ זֶבַח וּבָא נַעַר הַכֹּהֵן „so oft

---

[1]) E. Kautzsch, Grammatik, § 164; HS, Reg. s. v. Zeitsatz.

jemand ein Opfer schlachtete, kam der Diener des Priesters" (1 S. 2, 13), in der Regel jedoch beginnen sie mit Waw cop.: ‏וְאַבְרָהָם זָקֵן בָּא בַּיָּמִים וַיהוָה בֵּרַךְ אֶת־אַבְרָהָם בַּכֹּל‏ „als Abraham alt und hochbetagt war, hatte ihn Jahwe in allem gesegnet" (Gn. 24, 1); zur zeitlichen Fixierung eines Nominalsatzes durch ‏עוֹד‏ „noch" vgl. ‏עוֹד זֶה מְדַבֵּר וְזֶה בָּא‏ „als der eine noch redete, kam [bereits] der andere" (Hi. 1, 16 f.).

b) Bei Vorzeitigkeit begegnet Imperf. cons.: ‏וַתֵּרֶא לֵאָה‏ ‏כִּי עָמְדָה מִלֶּדֶת וַתִּקַּח אֶת־זִלְפָּה שִׁפְחָתָהּ‏ „nachdem Lea gesehen hatte, daß sie nicht mehr gebar, nahm sie Silpa, ihre Leibmagd" (Gn. 30, 9), oder Nominalsatz mit Part. Pass.: ‏הוּא מוּצֵאת וְהִיא שָׁלְחָה‏ „als man sie hinausgeführt hatte, schickte sie ..." (Gn. 38, 25; doch vgl. anderseits § 104, 2 d); ferner Syndesis zweier Perf.-Sätze: ‏וְהוּא יָצָא‏ ‏וַעֲבָדָיו בָּאוּ‏ „und als er hinausgegangen war, kamen seine Diener" (Jdc. 3, 24), so auch Perf. cons.: ‏וְהָיָה כְשִׁבְתּוֹ עַל‏ ‏כִּסֵּא מַמְלַכְתּוֹ וְכָתַב לוֹ‏ „und wenn er sich auf seinen königlichen Thron gesetzt hat, dann soll er sich schreiben lassen" (Dt. 17, 18).

c) Zu adv. ‏טֶרֶם‏ „noch nicht, bevor" vgl. ‏טֶרֶם יִשְׁכָּבוּ‏ ‏וְאַנְשֵׁי הָעִיר ... נָסַבּוּ עַל־הַבַּיִת‏ „[doch] bevor sie sich schlafen legten, hatten die Männer der Stadt ... das Haus umringt" (Gn. 19, 4), ‏טֶרֶם אֶעֱנֶה אֲנִי שֹׁגֵג‏ „bevor ich gedemütigt wurde, ging ich irre" (Ps. 119, 67).

3. a) Im subordinierten Temporalsatz zeigt Perf. in der Regel die Vorzeitigkeit, Imperf. die Gleich-, zuweilen auch Nachzeitigkeit an.

b) Einfache Konjunktionen sind ‏כִּי‏, dem ugar. k- in gleicher Funktion entspricht[1]), ‏אֲשֶׁר‏ und ‏אִם‏ in der Bedeutung

---

¹) C. H. Gordon, Textbook, § 13, 80.

„als" oder „dann, wenn" sowie עַד „bis"; ferner אַחַר und

אַחֲרֵי „nachdem": וַיְהִי כִּי־הֵחֵל הָאָדָם לָרֹב עַל־פְּנֵי הָאֲדָמָה

„als aber die Menschen begonnen hatten, sich auf der

Erde zu mehren" (Gn. 6, 1), כִּי־אֶרְאֶה שָׁמֶיךָ „so oft ich

deinen Himmel sehe" (Ps. 8, 4); וְנָתַתָּ כוֹס־פַּרְעֹה בְּיָדוֹ

כַּמִּשְׁפָּט הָרִאשׁוֹן אֲשֶׁר הָיִיתָ מַשְׁקֵהוּ „dann wirst du dem

Pharao den Becher überreichen ganz so, wie früher, als du

sein Mundschenk warst" (Gn. 40, 13); אִם־כָּלָה בָצִיר „dann,

wenn die Weinlese beendet ist" (Jes. 24, 13), אִם רָחַץ

אֲדֹנָי אֵת צֹאַת בְּנוֹת־צִיּוֹן וְאֶת־דְּמֵי יְרוּשָׁלִַם יָדִיחַ מִקִּרְבָּהּ

„dann, wenn der Herr den Schmutz der Jerusaleme-

rinnen abgewaschen und Jerusalems Blutschuld aus seiner

Mitte hinweggespült hat" (Jes. 4, 4), אִם־כֹּה יֹאמַר נְקֻדִּים

יִהְיֶה שְׂכָרֶךָ וְיָלְדוּ כָל־הַצֹּאן נְקֻדִּים „so oft er sprach: Die

Gesprenkelten sollen dein Lohn sein!, warf die ganze

Herde Gesprenkelte" (Gn. 31, 8); עַד־שָׁבוּ הָרֹדְפִים „bis

die Verfolger zurückkehrten" (Jos. 2, 22), שְׁבִי אַלְמָנָה בֵית־

אָבִיךְ עַד־יִגְדַּל שֵׁלָה בְנִי „bleibe als Witwe im Hause

deines Vaters, bis mein Sohn Sela heranwächst" (Gn. 38, 11);

וַיְהִי אַחַר דִּבֶּר יְהֹוָה . . . וַיֹּאמֶר „und nachdem Jahwe . . .

gesprochen hatte, sagte er" (Hi. 42, 7), וַיְהִי אַחֲרֵי הֵסַּבּוּ אֹתוֹ

וַתְּהִי יַד־יְהֹוָה בָּעִיר מְהוּמָה גְּדוֹלָה מְאֹד „aber nachdem man

sie (die Lade) hingebracht hatte, kam die Hand Jahwes

unter sehr großer Bestürzung in die Stadt" (1 S. 5, 9); וּכְמוֹ

הַשַּׁחַר עָלָה וַיָּאִיצוּ . . . בְלוֹט „als die Morgenröte heraufzog,

trieben sie . . . Lot zur Eile an" (Gn. 19, 15).

Zur Verdeutlichung der Zeitstufe werden Zusammen-

setzungen gebildet: אַחֲרֵי אֲשֶׁר, אַחַר־אֲשֶׁר „nachdem, als",

כַּאֲשֶׁר „als, solange", עַד־שֶׁ, עַד־אֲשֶׁר „bis, bis daß",
עַד־אִם, עַד־אֲשֶׁר־אִם und עַד־כִּי „bis daß, solange als, solange bis", עַד־בִּלְתִּי „solange, bis nicht mehr". An Beispielen
seien erwähnt: בְּאַרְבַּע עֶשְׂרֵה שָׁנָה אַחַר אֲשֶׁר הֻכְּתָה הָעִיר „im
14. Jahre, nachdem die Stadt eingenommen worden war"
(Ez. 40, 1), וַיְהִי מִקְצֵה שְׁלֹשֶׁת יָמִים אַחֲרֵי אֲשֶׁר־כָּרְתוּ לָהֶם בְּרִית
„aber drei Tage, nachdem sie mit ihnen einen Bund ge-
schlossen hatten" (Jos. 9, 16); וַיֹּאמֶר יַעֲקֹב כַּאֲשֶׁר רָאָם מַחֲנֵה
אֱלֹהִים זֶה „Jakob sprach, als er sie (sc. die Engel) sah: Dies
ist das Heerlager Gottes" (Gn. 32, 3); וְהָיָה כַּאֲשֶׁר יָרִים
מֹשֶׁה (יָדָיו וְגָבַר יִשְׂרָאֵל „solange Mose seine Hände hoch-
hielt, war Israel überlegen" (Ex. 17, 11); עַד אֲשֶׁר־תָּשׁוּב
חֲמַת אָחִיךָ „bis sich der Zorn deines Bruders legt" (Gn. 27,
44), עַד אֲשֶׁר לֹא־יָבֹאוּ יְמֵי הָרָעָה „ehe die Tage des Übels
kommen" (Qoh. 12, 1), עַד שַׁקַּמְתִּי דְּבוֹרָה „bis du, Debora,
aufstandest" (Jdc. 5, 7), גַּם לִגְמַלֶּיךָ אֶשְׁאָב עַד אִם־כִּלּוּ לִשְׁתֹּת
„auch deinen Kamelen will ich [Wasser] schöpfen, bis sie
genug getrunken haben" (Gn. 24, 19), כִּי לֹא אֶעֱזָבְךָ עַד אֲשֶׁר
אִם־עָשִׂיתִי אֵת אֲשֶׁר־דִּבַּרְתִּי לָךְ „denn ich werde dich nicht
verlassen, bis ich das getan habe, was ich dir versprochen
habe" (Gn. 28, 15), עַד כִּי־גָדַל מְאֹד „bis daß er überaus reich
war" (Gn. 26, 13).

c) Erwähnt seien schließlich בְּטֶרֶם „bevor" vor Perf.
und Imperf. sowie עַד בִּלְתִּי „bis daß nicht" bzw. „solange",
בְּעוֹד „während", מֵעוֹד „seit", die in Nominalsätzen, teilweise in der kürzesten Form der Gen.-Verbindung begegnen:
בְּטֶרֶם הָרִים יֻלָּדוּ „bevor die Berge geboren wurden" (Ps.

---

[1] Vgl. BH³ zur Stelle.

90, 2), בְּטֶרֶם תָּבוֹא שְׁנַת הָרָעָב „bevor das Hungerjahr
kommt" (Gn. 41, 50); עַד־בִּלְתִּי שָׁמַיִם „solange der Himmel besteht", wörtlich: „bis daß nicht [mehr] die Himmel
[sind]" (Hi. 14, 12), wobei zu בִּלְתִּי möglicherweise ugar. blt
„nicht" zu vergleichen ist[1]); בְּעוֹדֶנּוּ חַי „während er noch
lebte" (Gn. 25, 6), מֵעוֹדִי „seitdem ich bin" (Gn. 48, 15).

3. Zum Inf. als verkürztem Zeitansatz vgl. § 102, 3.

§ 122. Der Konditionalsatz

1. a) Der Bedingungssatz[2]) hat zum Teil altertümliche
Formen. Vorder- und Nachsatz können asyndetisch oder
syndetisch nebeneinanderstehen; daneben fungieren konditionale Konjunktionen. Bei einfacher Parataxe, wie sie
auch im Ugar. belegt ist[3]), können Zeitstufe der Periode sowie gegenseitiges Zeitverhältnis von Vorder- und Hauptsatz
nur dem Zusammenhang entnommen werden; ähnlich ver-
hält es sich dort, wo Konjunktionen den Bedingungssatz
einleiten. Realität oder Irrealität einer Bedingung sind bei
Parataxe ebenfalls nur aus dem Kontext zu erkennen,
dagegen wird bei Subordination auch formal zwischen
realen und irrealen Konjunktionen unterschieden. Die
Vielfalt der Möglichkeiten, Bedingungssätze zu bilden,
dürfte ursprünglicher sein als die künstliche Normierung in
der arab. Syntax[4]).

b) Der Nachsatz eines konditionalen Gefüges kann asyndetisch stehen oder durch Waw cop., das sogenannte Waw

---

[1]) Siehe C. J. Labuschagne, Ugaritic BLT and BILTÎ in
Is. X 4. VT 14 (1964), 97—99. — Nach mas. Auffassung kann
עַד בִּלְתִּי auch mit dem Perf. konstruiert werden; doch vgl. z. B.
BHS zu Jos. 8, 22.
[2]) GVG II, § 423; E. Kautzsch, Grammatik, § 159; HS,
§§ 164—172; D. Michel, Tempora und Satzstellung, § 30.
[3]) C. H. Gordon, Textbook, § 13, 79.
[4]) Vgl. hierzu H. Reckendorf, Arab. Syntax, §§ 254—264.

apodosis bzw. Nachsatz-Waw, eingeleitet werden, das als Satztrenner in Form eines phonetischen Satzzeichens nach § 112, 3a nicht zu übersetzen ist; desgleichen kann er durch Waw cons., כִּי „so" und אָז „dann" eingeleitet werden.

2. a) Der Vordersatz einer konditionalen Periode ist zuweilen ein Nominalsatz: וְיֵשׁ תִּנָה אֶת־יָדֶךָ „und wenn es [so] ist, so gib deine Hand" (2 R. 10, 15); יוֹלֵד חָכָם (וְיִשְׂמַח־) בּוֹ „wenn jemand einen Weisen zeugt, so kann er sich seiner freuen" (Prv. 23, 24).

b) Zu Imperf. im Vorder- und Nachsatz vgl. תְּשַׁלַּח רוּחֲךָ יִבָּרֵאוּן „wenn du deinen Geist sendest, werden sie erschaffen" (Ps. 104, 30), (דְּבָרֶךָ) עַתָּה יָבֹא מַה־יִּהְיֶה מִשְׁפַּט־ הַנַּעַר וּמַעֲשֵׂהוּ „wenn nun dein Wort eintrifft, wie soll man es dann mit dem Knaben halten und was wird er [einst] ausrichten?" (Jdc. 13, 12). Ohne Bedeutungsunterschied steht Juss. im Vordersatz: תֹּסֵף רוּחָם יִגְוָעוּן „wenn du ihren Geist einziehst, verscheiden sie" (Ps. 104, 29), oder beide Male Juss.: תָּשֶׁת־חֹשֶׁךְ וִיהִי לָיְלָה „machst du Finsternis, wird es Nacht" (ebd. V. 20). Auf Koh. können Perf. oder Imperf. cons. folgen: אַגִּידָה וַאֲדַבֵּרָה עָצְמוּ מִסַּפֵּר „wenn ich [sie] verkünden und [davon] reden wollte, so sind sie nicht aufzuzählen" (Ps. 40, 6), אָקוּמָה וַיְדַבְּרוּ־בִי „will ich aufstehen, reden sie über mich" (Hi. 19, 18). Der konditionale Imp. begegnet Am. 5, 4: דִּרְשׁוּנִי וִחְיוּ „sucht ihr mich, so werdet ihr leben".

c) Auf konditionales Perf. folgen Perf., Imperf., Imperf. cons. oder auch ein Nominalsatz: מָצָא אִשָּׁה מָצָא טוֹב „hat man eine Frau gefunden, hat man Gutes gefunden" (Prv.

---

[1]) So nach dem Ketib.
[2]) So für MT דבריך; vgl. BHS zur Stelle.

18, 22), בְּחָנַנִי כַּזָּהָב אֵצֵא „prüft er mich, gehe ich [daraus] wie Gold hervor" (Hi. 23, 10), so auch mit rhetorischer Frage im Nachsatz: אַרְיֵה שָׁאָג מִי לֹא יִירָא „wenn der Löwe brüllt, wer fürchtet sich da nicht" (Am. 3, 8), בָּא־זָדוֹן וַיָּבֹא קָלוֹן „wenn Übermut kommt, kommt auch Schande" (Prv. 11, 2), עֵינָיו פָּקַח וְאֵינֶנּוּ „öffnet er die Augen, so ist er nicht mehr da" (Hi. 27, 19).

d) Zum Perf. cons. im Vordersatz vgl. וְרָאֲךָ וְשָׂמַח בְּלִבּוֹ „und wenn er dich sieht, wird er sich von Herzen freuen" (Ex. 4, 14), וְנִרְאֲתָה הַקֶּשֶׁת בֶּעָנָן וְזָכַרְתִּי אֶת־בְּרִיתִי „und wenn der Bogen in den Wolken erscheint, dann werde ich meines Bundes gedenken" (Gn. 9, 14f.), וּפָקַדְתָּ נָוְךָ וְלֹא תֶחֱטָא „und wenn du deine Flur musterst, so vermißt du nichts" (Hi. 5, 24).

e) Zuweilen wird auch der Inf. konditional gebraucht: בְּהַעֲוֹתוֹ וְהֹכַחְתִּיו „wenn er sich verfehlt, werde ich ihn züchtigen" (2 S. 7, 14).

3. a) Zum Ausdruck formaler Subordination wird der reale Bedingungssatz durch folgende Konjunktionen mit der Bedeutung „wenn, falls, gesetzt den Fall, daß" eingeleitet: אִם, כִּי, הֵן und junges aramaisierendes הֵן. Bei allen handelt es sich primär um deiktische Partikeln, die nicht die Bedingung als solche anzeigen, sondern lediglich — wie auch in anderen Fällen — den Bedingungssatz hervorheben sollen, ohne etwas über sein Wesen anzusagen. Im Ugar. ist der hinweisende Charakter dieser Bindewörter noch deutlich zu erkennen; so lautet die Entsprechung für אִם und wohl auch הֵן, הֵן hier hm, dem wiederum akkad. šumma „wenn, gesetzt den Fall, daß" entspricht, während כִּי in konditionalem k- seinen Vorgänger hat[1]). Die Verneinung erfolgt durch אִם לֹא „wenn nicht".

b) Der konditionale Nominalsatz lautet: אִם־טוֹב בְּעֵינֶיךָ
„wenn es gut ist in deinen Augen" (Jer. 40, 4), וְאִם־אֵין
בַּת לוֹ „und wenn er keine Tochter hat" (Nu. 27, 9);
כִּי־אֵינְךָ יוֹצֵא „gesetzt den Fall, du gehst nicht hinaus"
(2 S. 19, 8); הִנֵּה אֲנַחְנוּ בָאִים בָּאָרֶץ . . . תִּקְשְׁרִי „wenn wir in
das Land kommen, . . . sollst du binden" (Jos. 2, 18).

c) Auf Imperf. im Vordersatz können folgen Imperf.:
אִם־יַחְתְּרוּ בִשְׁאוֹל מִשָּׁם יָדִי תִקָּחֵם „und wenn sie in die
Unterwelt eindringen, soll meine Hand sie von dort holen"
(Am. 9, 2), אִם־תְּבַקְשֶׁנָּה כַכָּסֶף . . . אָז תָּבִין יִרְאַת יְהוָה
„wenn du nach ihr (der Weisheit) trachtest wie nach Silber,
dann weißt du um Furcht vor Jahwe" (Prv. 2, 4f.), כִּי
יִגְנֹב־אִישׁ . . . . , יְשַׁלֵּם „gesetzt, daß jemand stiehlt . . . , so soll
er erstatten" (Ex. 21, 37), הֵן יַעֲבֹר עָלַי וְלֹא אֶרְאֶה „geht
er an mir vorüber, sehe ich [ihn] nicht" (Hi. 9, 11); Juss.:
כִּי תַעֲבֹד אֶת־הָאֲדָמָה לֹא־תֹסֵף תֵּת־כֹּחָהּ לָךְ „wenn du
das Land bearbeitest, soll es dir nicht mehr seinen Ertrag
spenden" (Gn. 4, 12); Koh.: אִם־תַּעֲשֶׂה־לִּי הַדָּבָר הַזֶּה
אָשׁוּבָה אֶרְעֶה „wenn du mir diese Sache tust, will ich
wieder weiden" (Gn. 30, 31); Perf.: וְאִם־לֹא תַעֲשׂוּן כֵּן הִנֵּה
חֲטָאתֶם „wenn ihr aber nicht so handelt, so verschuldet ihr
euch" (Nu. 32, 23); Perf. cons.: אִם־אִישׁ יָבוֹא וּשְׁאֵלֵךְ
וְאָמַרְתְּ . . . „wenn jemand kommen und dich fragen sollte . . ., dann sprich" (Jdc. 4, 20). Zu altem Fin. in Form des
Koh. vgl. אִם־אֲדַבְּרָה לֹא־יֵחָשֵׂךְ כְּאֵבִי „mag ich reden, so
wird mein Schmerz doch nicht gelindert" (Hi. 16, 6). Zu
elliptischem Vordersatz vgl. וְאִם־לֹא . . . כִּי מְרַגְּלִים אַתֶּם
„wenn aber nicht, . . . seid ihr Spione" (Gn. 42, 16), וְאִם־אֵין

---

[1]) Vgl. C. H. Gordon, Textbook, §§ 13, 78; 12, 3.

מְחֵנִי נָא מִסִּפְרְךָ „wenn aber nicht, so streiche mich aus deinem Buche!" (Ex. 32, 32).

d) Auf nur teilweise die Vorzeitigkeit andeutendes Perf. kann ein Nominalsatz folgen: אִם־מָצָאתָ וְיֵשׁ אַחֲרִית „hast du [die Weisheit] gefunden, dann gibt es eine Zukunft ' (Prv. 24, 14); des weiteren kann ein verbaler Nachsatz im Imperf., Imperf. cons., Juss., Imp. sowie Perf. und Perf. cons. stehen: אִם־בָּנֶיךָ חָטְאוּ־לוֹ וַיְשַׁלְּחֵם בְּיַד־פִּשְׁעָם „wenn deine Söhne sich gegen ihn versündigt hatten, lieferte er sie wegen ihrer Übertretung [dem Tode] aus" (Hi. 8, 4), אִם־נָא מָצָאתִי חֵן בְּעֵינֶיךָ אַל־נָא תַעֲבֹר מֵעַל עַבְדֶּךָ „wenn ich Gnade gefunden habe vor deinen Augen, so gehe doch nicht an deinem Sklaven vorüber!" (Gn. 18, 3), הַגֶּד אִם־יָדַעְתָּ בִינָה „sag an, wenn du Weisheit besitzt" (Hi. 38, 4), אִם־חָכַמְתָּ חָכַמְתָּ לָּךְ „wenn du weise bist, bist du weise für dich" (Prv. 9, 12), וְהִנֵּה רָאִיתָ וּמַדּוּעַ לֹא־הִכִּיתוֹ שָׁם אָרְצָה „wenn du [ihn] gesehen hast, warum hast du ihn nicht auf der Stelle zu Boden geschlagen?" (2 S. 18, 11), zum Perf. cons.: כִּי־אָמַרְתִּי . . . וְחִתַּתַּנִי „wenn ich sprach . . ., dann schrecktest du mich" (Hi. 7, 13 f.).

e) Hingewiesen sei schließlich noch auf das korrelative Konditionalgefüge in juristischen Texten, in denen כִּי die Hauptbedingung einführt und אִם für die Untergliederung verwendet wird: כִּי תִקְנֶה עֶבֶד עִבְרִי שֵׁשׁ שָׁנִים יַעֲבֹד וּבַשְּׁבִעַת יֵצֵא לַחָפְשִׁי חִנָּם: אִם־בְּגַפּוֹ יָבֹא בְּגַפּוֹ יֵצֵא אִם־בַּעַל אִשָּׁה הוּא וְיָצְאָה אִשְׁתּוֹ עִמּוֹ „wenn du einen Vertragssklaven[1]) kaufst,

---

[1]) So für mißverständliches „einen hebr. Sklaven", da es sich hierbei um einen Vertragssklaven mit befristetem Arbeitsverhältnis handelt.

so soll er sechs Jahre dienen und im siebenten Jahre ohne
Entgelt ausziehen; ist er allein gekommen, soll er allein aus-
ziehen, ist er verheiratet, soll seine Frau mit ihm ausziehen"
(Ex. 21, 2f.).

4. a) Der irreale Bedingungssatz wird in der Regel durch
die alte Wunschpartikel לוּ „wenn (doch)", zu der akkad. *lū*
„sei es"[1]) zu vergleichen ist, eingeleitet; daneben begegnet
auch אִם. Die Negation lautet לוּלֵי „wenn nicht" neben
jungem und mittelhebr. vorherrschendem אִלּוּ „wenn",
אִלּוּ לֹא „wenn nicht".

b) Im irrealen Vordersatz, der das Gegenteil eines vor-
handenen Tatbestandes annimmt, steht meist nominales
Prädikat oder Perf.: לוּ יֶשׁ־חֶרֶב בְּיָדִי כִּי עַתָּה הֲרַגְתִּיךְ
„wenn ich ein Schwert zur Hand hätte, würde ich dich jetzt
erschlagen" (Nu. 22, 29), . . . לוּלֵי יְהוָה . . . הוֹתִיר לָנוּ שָׂרִיד
כִּסְדֹם הָיִינוּ „wenn uns nicht Jahwe . . . einen Rest ge-
lassen hätte, . . . wären wir wie Sodom gewesen" (Jes. 1,
9), לוּ חָכְמוּ יַשְׂכִּילוּ זֹאת „wären sie klug, würden sie das
begreifen" (Dt. 32, 29); daneben begegnet auch Imperf.:
לוּלֵי . . . אָגוּר „wenn ich nicht . . . fürchtete" (Dt. 32, 27).

c) Zu irrealem Gebrauch von אִם vgl. z. B. אִם־יוּכַל אִישׁ
לִמְנוֹת אֶת־עֲפַר הָאָרֶץ גַּם־זַרְעֲךָ יִמָּנֶה „wenn man den Staub
der Erde zählen könnte, ließe sich auch deine Nachkom-
menschaft zählen" (Gn. 13, 16), . . . אִם־הִתְרָחַצְתִּי (²בְמֵי־שָׁלֶג
אָז (³בְּשַׁחַת* תִּטְבְּלֵנִי „wenn ich mich in Wasser von Seifen-
kraut wüsche . . ., würdest du mich doch in Unrat tauchen"
(Hi. 9, 30f.).

---

[1]) Vgl. AHW, 558f.

[2]) So mit dem Qere; vgl. BH³ zur Stelle.

[3]) So für den Textfehler בַּשַּׁחַת „in die Grube"; vgl. BH³.

d) Die beiden Belege für אִלּוּ in MT lauten: וְאִלּוּ חָיָה
אֶלֶף שָׁנִים פַּעֲמַיִם וְטוֹבָה לֹא רָאָה „und wenn er zweitau-
send Jahre lebte und nichts Gutes sähe" (Qoh. 6, 6), וְאִלּוּ
לַעֲבָדִים וְלִשְׁפָחוֹת נִמְכַּרְנוּ הֶחֱרַשְׁתִּי „und wenn wir [nur] als
Sklaven und Sklavinnen verkauft würden, dann wollte ich
schweigen" (Est. 7, 4).

5. a) Soweit Wunschsätze[1]) nicht als rhetorische Fragen
(§ 112, 4 d) gebildet oder durch Wunschpartikeln wie אַחֲלַי
bzw. אַחֲלֵי (Ps. 119, 5; 2 R. 5, 3) oder אָבִי (Hi. 34, 36) mit
der Bedeutung „ach daß doch" eingeleitet werden, begegnen
sie in der Mehrzahl der Fälle als Konditionalsätze, die mit
אִם „wenn", לוּ „wenn doch" beginnen. Zu אִם mit Imperf.
vgl. אִם־תִּשְׁמַע־לִי „wolltest du doch auf mich hören!"
(Ps. 81, 9). Nach לוּ begegnen sicher belegt Imperf.: לוּ
יִשְׁמָעֵאל יִחְיֶה „o wenn doch Ismael am Leben bliebe!" (Gn.
17, 18), und Perf.: לוּ־מַתְנוּ „o wären wir doch gestorben!"
(Nu. 14, 2).

b) Schwur- und Beteuerungssätze[2]) gehören ebenfalls zu
den Konditionalsätzen, da sie die Bedingung angeben, unter
der eine Verwünschung oder Selbstverfluchung gegebenen-
falls eintreten soll. Sie setzen mit אִם „wahrlich nicht" und
אִם־לֹא „wahrlich" ein, wobei in der Regel der Nachsatz,
der die Verfluchung enthält, weggelassen wird: אִם־אֶעֱשֶׂה
אֶת־הַדָּבָר הַזֶּה „nimmermehr will ich dieses tun!" (2 S. 11,
11), אִם־לֹא אֲשִׁיתְךָ מִדְבָּר „wahrlich, ich mache dich zur
Steppe" (Jer. 22, 6); neben אִם begegnet auch, wie im nor-
malen Bedingungssatz, כִּי: כִּי־שְׁלֹמֹה בְנֵךְ יִמְלֹךְ אַחֲרַי „fürwahr, dein Sohn Salomo wird nach mir König sein!" (1
R. 1, 30). Zur vollständigen Periode vgl. כֹּה יַעֲשֶׂה־לִּי אֱלֹהִים

[1]) E. Kautzsch, Grammatik, § 151; HS, s. v. Wunschsatz.
[2]) Ebd., § 149; HS, s. v. Affirmation, Schwur.

וְכֹה יֹסִיף (לִי* אִם־לִפְנֵי בוֹא־הַשֶּׁמֶשׁ אֶטְעַם־לֶחֶם „Gott tue mir dies und das alles, wenn ich vor Sonnenuntergang Brot anrühre!" (2 S. 3, 35).

c) In der Bedeutung „damit nicht" steht אִם schließlich in Sätzen, die ein Beschwören oder eine eindringliche Bitte enthalten: הִשְׁבַּעְתִּי אֶתְכֶם בְּנוֹת יְרוּשָׁלַם ... אִם־תָּעִירוּ וְאִם־ תְּעוֹרְרוּ אֶת־הָאַהֲבָה עַד שֶׁתֶּחְפָּץ „ich beschwöre euch, ihr Töchter Jerusalems, ... weckt nicht und erregt nicht die Liebe, bevor es ihr gefällt" (Cant. 2, 7).

---

1) Vgl. BH³ zur Stelle.

Hebräisches und aramäisches Wörterbuch zum Alten Testament

Herausgegeben von Georg Fohrer
in Gemeinschaft mit Hans Werner Hoffmann,
Friedrich Huber, Jochen Vollmer
und Gunther Wanke

Oktav. XII, 332 Seiten. 1971. Ganzleinen DM 28,—

Darbietung und übersichtliche Anordnung des gesamten Wortbestands des Alten Testaments mit deutscher Übersetzung, auch der Namen. Unter bewußtem Verzicht auf einen umfangreichen philologischen Apparat und die Angabe paralleler Wurzeln in anderen semitischen Sprachen werden die Grundbedeutungen, wichtigsten Ableitungen und Sonderbedeutungen — teilweise mit Stellenangaben — aufgeführt. Damit wird besonders dem Theologiestudenten ein unentbehrliches Arbeitsmittel an die Hand gegeben.

W
DE
G

Walter de Gruyter · Berlin · New York

Hebräische Grammatik

Von RUDOLF MEYER.

3., neubearbeitete Auflage. 3 Bände.

Band I: Einleitung. Schrift- und Lautlehre. 120 Seiten. 1966. DM 7,80 (Sammlung Göschen Band 763/763a/763b)

Band II: Formenlehre. Flexiostabellen. 221 Seiten. 1969. DM 7,80 (Sammlung Göschen Band 764/764a/764b)

Hebräisches Textbuch

zu G. BEER—R. MEYER, Hebräische Grammatik von R. MEYER.

170 Seiten. 1960. DM 5,80 (Sammlung Göschen Band 769/769a)

Geschichte Israels

Von den Anfängen bis zur Zerstörung des Tempels (70 n. Chr.) von E. L. EHRLICH.

2. Auflage. 158 Seiten. 1 Karte. 1970. DM 5,80 (Sammlung Göschen Band 231/231a)

Einführung in die Mischna

Von CHANOCH ALBECK.

Aus dem Hebräischen übersetzt von Tamar und Pessach Galewski.

Gr.-Oktav. VIII, 493 Seiten. 1971. Ganzleinen DM 68,— (Studia Judaica Band 6)

Altorientalische Texte zum Alten Testament

In Verbindung mit E. EBELING, H. RANKE, N. RHODOKANAKIS, herausgegeben von H. GRESSMANN.

2., unveränderter Nachdruck der 2. Auflage. 1926. X, 478 Seiten. 1970. Geb. DM 60,—

Israelitische und Jüdische Geschichte

Von J. WELLHAUSEN.

9. Auflage. Oktav. VIII, 371 Seiten. 1958. Ganzleinen DM 19,80

 Walter de Gruyter · Berlin · New York